LA BUENA FE CONTRACTUAL

Cristián Boetsch Gillet

Ediciones UC

LA BUENA FE CONTRACTUAL

EDICIONES UNIVERSIDAD CATÓLICA DE CHILE
Vicerrectoría de Comunicaciones
Alameda 390, Santiago, Chile

editorialedicionesuc@uc.cl
www.ediciones.uc.cl

LA BUENA FE CONTRACTUAL

Cristián Boetsch Gillet

Diciembre 2015
ISBN N° 978-956-14-1726-7

Diseño:
Salvador E. Verdejo Vicencio
versión | producciones gráficas Ltda.

CIP - Pontificia Universidad Católica de Chile

Boetsh Gillet, Cristián.
La buena fe contractual / Cristián Boetsch Gillet.

1. Buena fe (Derecho)
2. Buena fe (Derecho) - Chile
3. Buena fe (Derecho romano)
4. Contratos - Chile
I. t.

2015 346.022 + DDC23 RCAA2

LA BUENA FE CONTRACTUAL

CRISTIÁN BOETSCH GILLET

EDICIONES UC

ÍNDICE GENERAL

INTRODUCCIÓN

"Bona fidem in contractibus considerari aequum est"
("Es justo atenerse a la buena fe, en los contratos")
L. 4, C., de Obligationibus et actionibus, 4, 10

Desde los tiempos del Derecho Romano, los juristas, a fin de dar solución práctica a las innumerables situaciones y controversias carentes de una regulación expresa, han debido recurrir constantemente a una serie de ideas generales y principios que encarnan los valores elementales de la justicia.

Y sin duda alguna, uno de estos valores es la buena fe, principio, valor o idea que, de múltiples formas, ha sido profusamente empleado en todas las épocas, por todas las corrientes de pensamiento jurídico y en la mayoría de –si no en todas– las ramas del ordenamiento jurídico.

Así lo comprueban, en nuestro medio, las múltiples remisiones que a la buena fe hace nuestro Código Civil para las más diversas materias, tales como el matrimonio, la posesión, diversas clases de contratos, etc. A mayor abundamiento, la trascendencia de este principio se ha visto además ratificada por la legislación más moderna dictada en nuestros días.

Ejemplo de lo anterior se encuentra en las modificaciones que el año 2004 introdujo la Ley N° 19.955 a la Ley N° 19.496 sobre Protección de los Derechos de los Consumidores, la que en la actualidad establece en su artículo 16 letra g) que no producirán efecto alguno en los contratos de adhesión las cláusulas o estipulaciones que se otorguen "En contra de las exigencias de la buena fe, atendiendo para estos efectos a parámetros objetivos, causen en perjuicio del consumidor, un desequilibrio importante en los derechos y obligaciones que para las partes se deriven del contrato"[i]. Aún más destacable es el caso Ley N° 20.169 del año

[i] El texto íntegro del artículo 16 letra g) de la Ley N° 19.496 es el siguiente: "Art. 16 No producirán efecto alguno en los contratos de adhesión las cláusulas o estipulaciones que: [...] g) En contra de las exigencias de la buena fe, atendiendo para estos efectos a parámetros objetivos, causen en perjuicio del consumidor, un desequilibrio importante en los derechos

2007 sobre Competencia Desleal, cuyo artículo 3" establece que "En general, es acto de competencia desleal toda conducta contraria a la buena fe o a las buenas costumbres que, por medio ilegítimos, persiga desviar clientela de un agente del mercado", agregando el artículo 4° casos específicos de dicho ilícito genérico, todos los cuales, de una forma u otra, dicen relación con violaciones a deberes de fidelidad, lealtad y honestidad, todos conceptos que encarna la buena fe [ii].

Uno de los campos donde sin duda alguna la buena fe tiene mayor relevancia es en el Derecho de Obligaciones, como lo comprueba el que en general las codificaciones de derecho privado siempre hacen referencia a este principio [iii],

---

y obligaciones que para las partes se deriven del contrato. Para ello se atenderá a la finalidad del contrato y a las disposiciones especiales o generales que lo rigen. Se presumirá que dichas cláusulas se encuentran ajustadas a exigencias de la buena fe, si los contratos a que pertenecen han sido revisados y autorizados por un órgano administrativo en ejecución de sus facultades legales".

ii Aún más, es posible observar que en la enumeración contenida en el artículo 4° de la Ley N° 20.169 se recogieron diversas doctrinas o teorías que encuentran su primer y principal fundamento en la buena fe. En efecto, entendemos que al establecerse como ilícito de competencia desleal a "Toda conducta que persiga inducir a proveedores, clientes u otros contratantes a infringir los deberes contractuales contraídos con su competidor" (artículo 4 letra f), se eleva a rango legal, por lo menos en esta materia, a la doctrina de la interferencia ilícita en contratos ajenos. Más evidente es el reconocimiento de la teoría del abuso del derecho que la letra g) del mismo artículo 16, al indicar que se considerará acto de competencia desleal "El ejercicio manifiestamente abusivo de acciones judiciales con la finalidad de entorpecer la operación de un agente de mercado".

iii Ejemplo de lo anterior son los Principios de Derecho Europeo de los Contratos del año 2000, un trabajo realizado por los más importantes juristas europeos de nuestros días, encabezados por el profesor Ole Lando, cuyo objetivo fue darle unidad a todo el derecho de obligaciones de la Comunidad Europea. En múltiples ocasiones, aparecen aplicaciones prácticas del principio general de la buena fe, principio que sin duda pasa a ser la base fundamental de toda la regulación contractual europea. Así, su artículo 1:102, sobre libertad contractual, señala: "(1) Las partes son libres para celebrar un contrato y establecer su contenido, dentro del respeto de la buena fe y de las normas imperativas dispuestas por los presentes principios", y su artículo 1:201, relativo a la buena fe contractual, señala: "(1) Cada parte tiene la obligación de actuar conforme a las exigencias de la buena fe. (2) Las partes no pueden excluir este deber ni limitarlo" (*Principles of European Contract Law*, Kluwer Law International, La Haya, 2000, pp. 1-93). La versión inglesa de los principios es la versión original. A lo largo de este trabajo haremos referencia a distintas normas de estos principios, que grafican de excelente manera la actual tendencia europea en materia de buena fe contractual. Cabe hacer presente que los principios, en la versión inglesa, se refieren siempre a *good faith and fair dealing*. El sentido del *fair dealing*, como transparencia en los negocios, lealtad de las transacciones, honradez, confianza en los tratos, etcétecra, no creemos que tenga un equivalente exacto en el lenguaje jurídico en castellano. Por eso, en la traducción al castellano, se limita la expresión a la idea de la buena fe contractual o a "las exigencias de la buena fe". La nota vale para todos aquellos artículos en que se menciona la

el cual en Chile encuentra su consagración en el artículo 1546 del Código Civil en los siguientes términos: "Los contratos deben ejecutarse de buena fe, y por consiguiente obligan no sólo a lo que en ellos se expresa, sino a todas las cosas que emanan precisamente de la naturaleza de la obligación, o que por la ley o la costumbre pertenecen a ella".

Si bien la remisión a la buena fe contractual es una cláusula de uso común en los contratos de más diversa naturaleza, y pese a que desde la dictación del Código Civil su artículo 1546 es usualmente citado tanto por los litigantes como por los tribunales en sus fallos, hasta hace no mucho ciertos autores criticaban el escaso tratamiento y estudio detallado que este principio ha tenido en la doctrina y jurisprudencia nacional. En este sentido, FUEYO señalaba que "no se encuentra una línea central y generalizada que tome de la buena fe todo su acervo jurídico hondo y vasto", agregando que "la doctrina, y aún la jurisprudencia, tampoco han llenado el vacío [...] pareciera que no se han enterado aún de lo que el tema es y puede ser"[iv].

En nuestro concepto, tanto los autores como los tribunales escucharon el llamado de tan autorizado autor, y de forma pausada pero firme han ampliado el análisis, estudio y aplicación práctica de la buena fe contractual, y en especial de las múltiples instituciones específicas que se fundan en ella. En este sentido, en la actualidad no son de extrañar los fallos y publicaciones que han elevado a la calidad de regla jurídica lo que ayer no eran más que ciertas doctrinas, tales como los actos propios, el abuso del derecho, etcétera.

En este contexto, con el presente trabajo nos hemos propuesto realizar un análisis de la buena fe contractual, enfocándonos en los lineamientos generales del principio, su naturaleza y basto contenido teórico y práctico.

Para tales efectos, y fundados en la legislación, doctrina y jurisprudencia nacional y extranjera, hemos dividido nuestro estudio en dos partes. En la primera parte nos centraremos en analizar los aspectos generales de la buena fe en cuanto principio general del derecho, para lo cual, en primer término, se revisarán las diversas concepciones que han existido en torno a los principios, y los caracteres y

buena fe. Por otro lado, se debe observar que en el PROYECTO DE PRINCIPIOS LATINOAMERICANOS DE DERECHO DE LOS CONTRATOS se alude en diversas disposiciones a la buena, destacándose la norma que dispone que "Las partes deben comportarse conforme a las exigencias de la buena fe conforme a los usos del tráfico", agregando que "Las limitaciones convencionales a este deber no producirán efecto alguno".

iv FUEYO LANERI, Fernando, *Instituciones de Derecho Civil Moderno*, Editorial Jurídica de Chile, Santiago, 1990, pp. 139 y ss.

funciones que los mismos juegan en el ordenamiento jurídico. Luego intentaremos dar luces acerca de lo que es la buena fe como principio general, estudiando, entre otras materias, su origen, contenido y funciones.

En la segunda parte de este trabajo nos avocaremos a realizar un estudio particular de la buena fe contractual, para lo cual se analizarán el contenido, funciones y manifestaciones teóricas y prácticas especiales que el principio tiene en el Derecho de Obligaciones, sin perjuicio de revisar otras materias de interés, como son la presunción de la buena fe contractual y cuál es el contenido de su antítesis, la mala fe.

PARTE I

Aspectos generales del principio de la buena fe

CAPÍTULO I
LOS PRINCIPIOS GENERALES DEL DERECHO

§ 1. CONSIDERACIONES GENERALES

Todo ordenamiento jurídico, además de estar dotado de unidad y coherencia, debe ser íntegro, esto es, debe ser un sistema capaz de dar solución a todas las situaciones y controversias que pueden presentarse en la vida cotidiana, de manera tal que logre abarcar absolutamente todas las realidades jurídicas que puedan presentarse en una sociedad. En este sentido, DEL VECHHIO apunta que "no hay interferencia alguna entre los hombres, no hay controversia posible, por muy complicada e imprevista que sea, que no admita y exija una solución jurídica cierta"[1].

Por otra parte, es claro que al ordenamiento jurídico positivo no le es posible regular todas y cada una de las situaciones que puedan acontecer en la vida jurídica, y es por ello que se ve en la necesidad de nutrirse de fuentes distintas de la ley positiva, dando paso a conceptos de carácter superior y general, los cuales, precisamente por el hecho de ser generales, son capaces de dar solución a aquellos problemas que escaparon de la vista del legislador. Estos conceptos de carácter general son los principios generales del derecho[2]. Como señala el catedrático español HERNÁNDEZ GIL, "el derecho codificado ha perdido rigidez en un doble sentido alzándose hacia el reconocimiento de unos principios previos y superiores a la ordenación legal y descendiendo a la realidad de los problemas que no son meros episodios, en la aplicación de las normas, sino fuente de criterios y de soluciones"[3].

---

1 DEL VECHHIO, Giorgio, *Los principios generales del Derecho*, Editorial Bosch, Barcelona, 1948, p. 41.

2 En la actualidad, suelen emplearse indistintamente –y así lo haremos en este trabajo– los términos "principios generales del derecho", "principios jurídicos", o simplemente "principios".

3 HERNÁNDEZ GIL, Antonio, *Conceptos jurídicos fundamentales*, Obras Completas, Tomo I, Editorial Espasa-Calpe, 1987.

En razón de lo anterior, previo a adentrarnos al estudio particular de la buena fe resulta necesario realizar un breve análisis sobre los principios generales del derecho. Al efecto, durante la primera parte del trabajo analizaremos las distintas corrientes jurídicas acerca de los principios generales del derecho, para luego adentrarnos a intentar dar luces acerca de su naturaleza jurídica, caracteres y funciones, con lo cual será posible arribar a ciertas premisas y conclusiones que a su turno también tendrá la buena fe en cuanto principio general.

§ 2. DOCTRINAS RELATIVAS A LOS PRINCIPIOS GENERALES DEL DERECHO

En la historia del pensamiento jurídico han existido múltiples –y en algunos casos antagónicas– teorías que han intentado explicar el origen, naturaleza, entidad y funciones de los principios generales del derecho. En todo caso, desde ya cabe destacar que pese a las divergencias que existen en torno al punto, en general las diversas corrientes de pensamiento jurídico reconocen la existencia de los principios (sea cual sea el nombre que se les dé) y su importancia a la hora de establecer la guía de resolver una determinada controversia carente de solución en un texto legal expreso. Lo cierto es que mal podría concebirse un ordenamiento jurídico sin principios que lo integren, pues como ya indicamos toda legislación, por erudita y completa que sea, jamás tendrá en sí misma la capacidad de regular todas y cada una de las situaciones particulares que se plantean a nivel social, económico, político, etc.[4]

Dicho lo anterior, a continuación revisaremos los aspectos más generales de las principales doctrinas relativas a los principios, reiterando que se trata de un tema que ha dado lugar a un intenso debate cuyo estudio acabado escapa del objeto de este trabajo, en el que tan sólo se esbozaran los lineamientos básicos de esta materia, respecto del cual aún no existe consenso en nuestro medio.

---

4 Con relación al punto, SQUELLA sostiene que "los principios generales del derecho nacieron para auxiliar a los jueces en el ejercicio de la función jurisdiccional, a la vez que para introducir un control que evitara las decisiones discrecionales de aquellos, operando en los casos de falta de ley que regule el caso a ser decidido; de oscuridades o contradicciones en las leyes aplicables al caso y que el juzgador no pudiere despejar valiéndose de los métodos o elementos de interpretación de la ley; e incluso en presencia de consecuencias notoriamente injustas o inconvenientes que pudieran derivarse de la aplicación de una ley al caso que el juez debe resolver" (SQUELLA NARDUCCI, Agustín, *Introducción al Derecho*, Editorial Jurídica de Chile, Reimpresión de Primera Edición, 2008, p. 271).

2.1. DOCTRINA ROMANISTA

Una primera doctrina sostiene que los principios generales del derecho serían ciertas máximas o principios de justicia propios del Derecho Romano, denominadas reglas de derecho (*regulae iuris*). Si bien algunos encuentran el fundamento de este pensamiento en los antecedentes históricos de los principios, para otros se sustenta en la categoría y perfección del Derecho y las Leyes Romanas, las que como señalaba BELLO "han pasado por la fuerza del tiempo, se han probado en el crisol de la filosofía y se han hallado conforme a los principios de la equidad y de la recta razón"[5].

Esta doctrina, bastante abandonada en la actualidad, es criticada en cuanto eleva a la categoría de principios a meras reglas prácticas que tienen una validez relativa y una importancia meramente histórica.

Sobre la materia, debe consignarse que si bien existen una serie de principios de gran importancia que surgieron con posterioridad al Derecho Romano, no puede dejar de señalarse que gran parte de los principios que hoy imperan en nuestro ordenamiento jurídico provienen de creaciones romanas, las cuales han servido de base para dar soluciones prácticas a distintas situaciones no reguladas por el ordenamiento positivo. En esta línea de pensamiento, encontramos a autores que distinguen entre los principios generales de derecho y las "reglas de derecho", que BORDA conceptualiza como "algunos refranes jurídicos –no todos– que pueden no haber tenido valor jurídico en un comienzo pero que lo han adquirido a raíz de su inclusión en el plexo normativo –legal, consuetudinario o jurisprudencial–. A su vez, resumen el sentido de una institución o de un complejo de normas que no tienen categoría de principio general"[6]. De este modo, la regla de derecho se encontraría en un rango inferior al principio general debido a que abarca una menor cantidad de situaciones y puede ser vulnerada lícitamente

5 BELLO, Andrés, citado por SQUELLA, *Op. Cit.*, p. 275.

6 BORDA, Alejandro, *La teoría de los actos propios*, Editorial Abeledo-Perrot, Tercera Edición, Buenos Aires, 2000, p. 57

2.2. Doctrina *iusnaturalista*

La doctrina iusnaturalista, entre cuyos expositores destacan los nombres de Santo Tomás de Aquino, Del Vecchio en Italia, Stamler en Alemania, Renard en Francia, Castro y Bravo, Castan Tobeñas, Pérez González y Alguer en España, concibe a los principios generales como ciertas directrices anteriores y superiores al ordenamiento positivo. De esta manera, son estos principios los que dan vida e informan a la totalidad del ordenamiento jurídico. Para esta escuela de pensamiento, los principios generales corresponderían a los primeros principios del Derecho Natural (o, más exactamente, de la Ley Natural).

Muy en síntesis, conforme a esta postura el Derecho Natural manifiesta una serie de principios de justicia que, por ser tan evidentes, toda persona puede y debe conocer y practicar. Por su parte, la Ley Natural sería la formulación intelectual que el hombre hace de su propia ley. La Ley Natural está constituida, en primer lugar, por los principios primarios, los cuales son verdades universales e inmutables que emanan de la propia naturaleza humana, sin necesidad de elaboración intelectual, por ser evidentes y de conocimiento necesario. De estos primeros principios, y en base a un razonamiento sencillo y obvio que cualquiera persona es capaz realizar, se pueden concluir los principios secundarios, y dentro de estos encontraríamos a los principios generales del derecho.

Por ser expresión de la Ley Natural, los principios jurídicos tienen fuerza obligatoria universal y permanente, y por ende son fuente o norma de Derecho, sea que tengan o no una consagración positiva, y es así porque su fuerza emana precisamente de la Ley Natural, la cual es superior a la ley positiva.

Entendidos así, los principios generales del derecho se nos presentan como manifestaciones de los valores esenciales del hombre, y que éste percibe por el método de la deducción, que poseen una existencia anterior al Derecho y que sobrepasa a los diversos ordenamientos jurídicos concretos, por tener un carácter atemporal y universal.

Suele indicarse que el Código Civil Austriaco de 1811 reconoció esta doctrina en su artículo 7, que disponía lo siguiente: "Si no se puede decidir una cuestión jurídica ni conforme a las palabras ni según el sentido natural de la ley, se tendrá en cuenta lo que se decida por la ley en casos semejantes, y los fundamentos de otras leyes análogas. Si resultase aún dudoso el caso se decidirá de acuerdo con las circunstancias cuidadosamente recogidas y maduradamente sopesadas, según los principios jurídicos naturales". Más claro aún es el Código Civil de la Louisiana de 1825 –que como se sabe fue una de las principales fuentes que inspiraron las normas de interpretación de la ley que contiene el Código de Bello–, cuyo artículo

21 establecía lo siguiente: "En las materias civiles, a falta de ley expresa el juez está obligado a proceder y decidir conforme a la equidad, para lo que es preciso recurrir a la ley natural y a la razón, o a los usos reconocidos, en el silencio de la ley positiva"[7]. Como puede observarse, si bien tales Códigos hacen expresa alusión a la ley y/o a los principios naturales, se les da a ellos una marcada aplicación subsidiaria y condicionada a la inexistencia de una norma positiva que regule la materia, lo que se aparta de los postulados de la doctrina iusnaturalista, la que como hemos visto hace predominar a los principios por sobre los ordenamientos positivos concretos.

Según explica DUCCI, esta doctrina ha sido objetada "porque no puede establecerse su determinación: si es la razón individual, caemos en el subjetivismo absoluto; si es una autoridad –los doctores, los teólogos o los líderes políticos– entramos en el positivismo completo y significaría que el criterio de una autoridad fuera por sí solo una norma de derecho"[8].

2.3. DOCTRINA POSITIVISTA

Como contrapartida a la doctrina anterior –y en cierta medida como límite a los abusos surgidos por las monarquías absolutistas–, en el siglo XIX surgió el positivismo, que asimila el Derecho a la ley escrita. De este modo, todo aquello con carácter extralegal carecía de significación jurídica.

Con todo, tempranamente los codificadores tuvieron conciencia de que la ley era insuficiente como única fuente del Derecho, y recurrieron a los principios generales del derecho. Pero éstos ya no fueron considerados como principios superiores a todo el ordenamiento jurídico, sino que se les consideró como fuente supletoria de la ley, y tan sólo tendrían aplicación en la medida de que tuviesen una consagración positiva. En esta posición, destacan los nombres de COVIELLO, DE RUGGIERO y GROPPALI, entre muchos otros.

Entendidos así, los principios no tienen un carácter atemporal ni universal, sino que pertenecerán a cada ordenamiento en particular. Por ello, sólo podremos

---

7 En su idioma original, el citado artículo 21 establecía: *"In civil matters, where there is no express law, the Judge is bound to proceed and decide according to equitably, an appeal is to be made to natural law and reason, or received usages, where positive law is silent"*.

8 DUCCI CLARO, Carlos, *Interpretación jurídica*, Segunda Edición, Editorial Jurídica de Chile, Santiago, 1977, p. 153. Conforme se verá más adelante, en base a la objeción recién citada el autor celebra que el artículo 24 del Código Civil no haya hecho referencia a los principios generales del derecho, sino que al "espíritu general de la legislación".

determinar la existencia de un principio tan sólo después de analizar el ordenamiento positivo concreto, mediante el método de la inducción (a diferencia de los iusnaturalistas, que emplean como método la deducción, por ser los principios anteriores a la ley positiva). En otras palabras, y como explica SQUELLA, "las doctrinas positivistas sostienen que los principios generales del derecho viven en cierto modo ínsitos en cada ordenamiento jurídico y pueden ser establecidos por medios inductivos a partir de las propias normas e instituciones del respectivo ordenamiento jurídico. Se trata, en suma, de componentes no escritos del ordenamiento jurídico, que viven en éste 'como el alcohol lo hace dentro del vino', y que informan sus normas e instituciones"[9].

Ciertos autores han criticado esta posición "porque se ha demostrado que en la práctica es imposible inducir de las normas positivas principios axiomáticos permanentes e inmutables"[10].

2.4. DOCTRINA CULTURISTA

Por último, cabe señalar que modernamente ha surgido la denominada corriente Culturista del Derecho (también llamada por algunos *iusfilosófica* o sociológica), la cual señala que los primeros principios deben encontrarse en aquello que una comunidad determinada estime como valioso. Son estos valores –anteriores a la ley positiva– el fundamento de todo el Derecho, y de ellos emanan los principios generales del Derecho, que, según esta doctrina, serían "valores jurídico-éticos de la comunidad"[11]. Entendidos así, los principios son criterios elaborados por cada cultura y comunidad en particular.

Puede observarse que gran parte de esta medida es de carácter ecléctico, por cuanto rescata y fusiona las dos teorías anteriores: por un lado, y al igual que la posición iusnaturalista, entiende que los principios son anteriores a la ley positiva; pero tal como lo entiende el positivismo, estos valores no son universales ni atemporales, sino que dicen relación con los valores de una comunidad en particular.

---

9 SQUELLA, *Op. Cit.*, p. 273. El mismo autor sostiene que la doctrina positivista habría sido recogida en el artículo 24 del Código Civil Chileno, materia sobre la cual nos referiremos más adelante.

10 DUCCI, *Op. Cit.*, p. 153.

11 Una de las expositoras modernas de esta corriente es la española Margarita BELADIEZ ROJO, quien, siguiendo a LARENZ, estructura todo su libro *Los principios jurídicos* basándose en esta concepción.

2.5. Nuestra posición

Según creemos, ninguna de las doctrinas puede ser descartada de plano, ya que la realidad nos muestran que todas ellas dan cuenta de una misma realidad, pero mirada desde un punto de vista diverso. En efecto, y considerando cualquier principio jurídico, como lo es el enriquecimiento sin causa o la buena fe, es ostensible que los mismos se nos aparecen como verdades anteriores al ordenamiento positivo, pues los mismos encarnan aspectos básicos de la justicia elemental, la que como es obvio no podría establecer que una persona en forma infundada e ilícita se puede enriquecer a costa de otro, o bien que debe darse protección a quien de forma deshonesta o desleal se aprovecha de una circunstancia determinada a costa de otro.

Ahora bien, tan elementales y patentes son estos principios, que todo legislador los ha considerado en las más diversas materias en la ley positiva, pues de otro modo ésta no estaría cumpliendo con los fines del Derecho. Y es por ello que, siguiendo con los mismos ejemplos, nuestro Código Civil prohíbe el enriquecimiento sin causa en materias tan diversas como la mora, los cuasicontratos, la liquidación de la sociedad conyugal, las prestaciones mutuas, etc., y asimismo protege a quien a quien ha obrado de buena fe (y consecuentemente castiga a quien actuó de mala fe) tanto en relación con un matrimonio como en la posesión, prescripción, en las herencias, contratos varios, en la declaración de muerte presunta, etcétera.

En fin, tampoco es posible descartar que si bien los principios son verdades anteriores a la ley positiva, y que ésta los recoge para las más variadas materias, en los hechos la cultura y sistema político que rige a una determinada sociedad claramente influirá en la magnitud y entidad que se le reconocerán a los principios, como por ejemplo lo demuestra el derecho privado de países orientales.

De este modo, y sea cual sea la postura que se adopte, los principios generales del derecho son aquello que le da la debida coherencia, unidad e integridad a nuestro ordenamiento jurídico, aún cuando carezcan de un reconocimiento o una formulación expresa, pues aparecen con tal evidencia, que el legislador, ya sea de manera consciente o inconsciente, siempre los tendrá presentes al momento de normar cualquier situación. Además, por su especial configuración, tienen una adaptabilidad tal que son capaces de normar cualquier situación jurídica posible, a diferencia de todas las otras fuentes del Derecho. Por ello, podemos decir con propiedad que los principios generales del derecho son realmente Derecho.

§ 3. DEFINICIONES DE PRINCIPIO GENERAL DEL DERECHO

Atendidas las diversas doctrinas que han intentado conceptualizar a los principios generales, a su turno son innumerables los intentos que se han realizado en el orden de definirlos. A continuación expondremos los que a nuestro entender parecen más acertadas y comprensivas de la real entidad de los principios jurídicos.

Arce y Flores-Valdés los define por sus funciones, señalando que son "las ideas fundamentales sobre la organización jurídica de una comunidad, emanadas de la conciencia social, que cumplen funciones fundamentadora, interpretativa y supletoria respecto de su total ordenamiento jurídico"[12].

Por su parte, Puig Peña señala: "Son principios generales del Derecho en un sentido general aquellas verdades o criterios fundamentales que informan el origen y desenvolvimiento de una determinada legislación conforme a un determinado orden de cultura, condensados generalmente en reglas o aforismos transmitidos tradicionalmente, y que tienen virtualidad y eficacia propia con independencia de las formulas de modo positivo"[13].

En nuestro medio, Fueyo Laneri señala que los principios generales del derecho son "aquellos juicios de valor, anteriores a la formulación de la norma positiva, que se refiere a la conducta de los hombres en su interferencia intersubjetiva y que fundamentan la creencia formativa o consuetudinaria"[14]. Por su parte, Alcalde afirma que "los principios generales del Derecho constituyen o forman parte de la base del ordenamiento jurídico, toda vez que en ellos se halla cimentado el propio sistema legal. Representan, además, los elementos que sirven de nexo para entrelazar las distintas figuras jurídicas, permitiendo su conceptualización dentro de un todo orgánico que responde a una misma razón lógica"[15].

Según lo visto, podemos afirmar que los principios generales del derecho son ciertas ideas normativas de orden general, anteriores al ordenamiento positivo, y que son recogidas por el mismo para las más diversas materias. De esta manera, y

---

12 Arce y Flores-Valdés, Joaquín, *Los principios generales del derecho y su formulación constitucional*, 1990, p. 79.

13 Puig Peña, Federico, *Los principios generales del derecho como fuente formativa de la decisión judicial*, Revista de Derecho Privado, Madrid, 1956, p. 1048.

14 Fueyo Laneri, Fernando, *Interpretación y Juez*, Universidad de Chile y Centro de Estudios Ratio Iuris, Santiago, 1976, p. 100.

15 Alcalde Rodríguez, Enrique, *Los principios generales del Derecho*, Ediciones Universidad Católica de Chile, Santiago, 2003, p. 51-52.

siguiendo a DE CASTRO[16], podemos señalar que los principios constituyen la base sobre la cual descansa la organización jurídica.

§ 4. NATURALEZA JURÍDICA DE LOS PRINCIPIOS GENERALES DEL DERECHO

Si bien existe consenso en orden a admitir que los principios son fundamento del Derecho, existe discusión en cuanto a si los principios son o no fuentes formales del mismo, o si se quiere, si en sí mismos constituyen o no una norma jurídica que reúna las características de la misma (v. gr. imperatividad, exterioridad, heteronomía, bilateralidad, coercibilidad, etc.). Como bien advierte BELADIEZ ROJO[17], será el concepto de norma jurídica el que determinará la solución a que se llegue.

Así, para quienes sustentan que la norma jurídica es toda prescripción vinculante, y, por lo tanto, lo que define a una norma es su capacidad o fuerza para obligar, los principios son norma. En este sentido, podemos mencionar a DIEZ-PICAZO (quien inicialmente afirmaba que principio y norma eran algo distinto) y GULLÓN[18], quienes afirman que "los principios generales del Derecho no son meros criterios directivos, ni juicios de valor simplemente, ni escuetos dictados de la razón. Son auténticas normas jurídicas en sentido sustancial, pues suministran pautas o modelos de conducta". En este mismo sentido se expresa GORDILLO CAÑAS[19], quien considera que los principios, por sí mismos, tienen una función normativa, diferenciándose de la ley por su estructura y generalidad. En Chile, se encuentran en esta posición, entre otros, ALCALDE, FUEYO y SAAVEDRA.

Para otros autores, las normas jurídicas son prescripciones concretas y en ellas se definen los supuestos de hecho para su aplicación. De este modo, principio y norma se diferencian no por su carácter prescriptivo, sino que por el modo de realizarse esa prescripción, pues los principios carecen de un supuesto de

16 DE CASTRO Y BRAVO, Federico, *Derecho Civil de España*, Parte General, T. I, Libro Preliminar, Introducción al Derecho Civil, Instituto de Estudios Políticos, Madrid, 1949.

17 BELADIEZ ROJO, *Op. Cit.*, pp. 75 y ss.

18 DIEZ-PICAZO, L. y GULLÓN, A., *Sistema de Derecho Civil*, Vol. I, Editorial Tecnos, Madrid, 1981, p. 171.

19 GORDILLO CAÑAS, *Ley, Principios Generales y Constitución: apuntes para una relectura de la Constitución, de la teoría de las fuentes del Derecho*, Editorial Centro de Estudios Ramón Areces, 1990, p. 53.

hecho. En nuestro medio, pero por razones diversas, ciertos autores le niegan a los principios jurídicos el carácter de fuente formal del derecho, atendido que "los principios generales del derecho, estrictamente hablando, no son fuentes formales del derecho, puesto que no constituyen, por sí mismos, métodos de producción de normas jurídicas, y, en consecuencia, no encajan en el concepto de fuentes formales del derecho [...] los principios reciben aplicación por medio de los jueces, pero, al ser éstos últimos los que producen la decisión normativa del caso, la fuente formal propiamente tal, la que crea o produce la norma, sería la sentencia judicial, sería la sentencia judicial"[20]. Disentimos de esta última opinión, atendido que con el mismo razonamiento debería concluirse que la ley y la costumbre tampoco serían fuentes formales del derecho (por cuanto por regla general sólo recibirían aplicación por medio de una sentencia judicial), lo que atenta en contra de las bases mismas de la teoría del Derecho.

Conforme hemos expuesto, entendemos que los principios son anteriores al ordenamiento positivo, y constituyen reglas de conducta que informan a todo el ordenamiento jurídico[21]. De este modo, no se requerirá de una ley positiva para transformarse en norma, pues, desde el momento que admitimos que los principios pueden prescribir ciertas reglas de conducta, estamos admitiendo su naturaleza normativa. Los principios constituyen norma jurídica, de aplicabilidad directa sin necesidad de positivización, pero diferenciándose de la ley por su forma[22]. Por otra parte, ALCALDE[23] señala que la diferencia esencial entre principio y norma radica en que mientras la segunda supone un marco definido que deslinda

20 SQUELLA, *Op. Cit.*, p. 272.

21 Ciertos autores distinguen entre los "principios" y las "reglas jurídicas", aunque reconociendo que en todo caso ambas son "normas". En este sentido, DWORKIN afirma que los principios, a diferencia de las reglas, carecen de consecuencias jurídicas derivadas de su incumplimiento; por su parte, ALEXY sostiene que los principios son mandatos de optimización, por lo que pueden ser cumplidos en diversos grados, cosa que no ocurre con las reglas, las cuales sólo pueden ser cumplidas o incumplidas. Sobre la materia en general ver SQUELLA, *Op. Cit.*, pp. 282 y ss.; y en referencia a la buena fe ver VERENGO, Roberto, *Los principios de la buena fe*, en Tratado de la Buena Fe en el Derecho, Tomo I, Director Marcos M. Córdoba, Primera Edición, Editorial La Ley, Buenos Aires, 2004, pp. 28 y ss.

22 En este sentido, BELADIEZ ROJO concluye que "los principios se caracterizan por ser un tipo de prescripción jurídica con una estructura peculiar: no son una proposición jurídica. Carecen de supuesto de hecho, y, además –y esto ya es algo común a la mayoría de las normas–, tampoco establecen expresamente la sanción que su infracción debe conllevar. Por esta razón, su incumplimiento no puede ser otro que el establecido con carácter general para todos los actos que infringen el ordenamiento jurídico: la invalidez" (BELADIEZ ROJO, Margarita, *Los principios jurídicos*, Editorial Tecnos, Madrid, 1994, p. 83).

23 ALCALDE, *Op. Cit.*, p. 55.

su aplicación, el principio en cambio carece de una descripción precisa del hecho típico destinado a regular.

Lo ya expuesto nos lleva a analizar la jerarquía que ocupan los principios generales del derecho dentro del ordenamiento jurídico. Al respecto, si bien creemos que son superiores al ordenamiento positivo, nos vemos en la necesidad de concluir que frente a una contradicción entre una ley particular y un principio, debemos hacer prevalecer la primera por así imponerlo otro principio: la seguridad jurídica[24]. Si bien a primera vista esta conclusión aparece como contradictoria a la posición que hemos sustentado, tal contradicción es más bien aparente, pues en estos casos la superioridad de los principios respecto de la ley se manifiesta en el hecho de que la ley que atente contra uno de los principios deberá ser interpretada conforme a ellos. Así, RIVERO señala que el juez siempre buscara la interpretación más acorde con el principio, y si ley y principio aparecen como irreconciliables, el juez estimará que este es un caso de excepción, y como tal lo interpretará de manera restrictiva[25].

Así parece haberlo entendido nuestra jurisprudencia, la que, refiriéndose precisamente al principio de la buena fe, resolvió lo siguiente: "En nuestro derecho positivo predomina el criterio jurídico de proteger la buena fe engañada por las apariencias, como lo demuestran las instituciones del matrimonio putativo, el heredero

---

24 Sobre este punto, BELADIEZ ROJO señala: "dada la imprecisión que caracteriza la vigencia de los principios, el principio de seguridad jurídica exige reconocer una mayor jerarquía a la ley. Afirmación que no impide desconocer que, en ocasiones, las reglas de aplicación del Derecho pueden modular las consecuencias que se derivan de este mayor rango jerárquico. Y la prueba más evidente es el supuesto en el que el principio impone una interpretación de la ley acorde con los valores que expresa. Pero insisto, si en este supuesto la ley se interpreta de acuerdo con el principio, no es porque ésta sea superior a aquél, sino porque constituye una de sus funciones como fuente del Derecho".

25 RIVERO, Jean, *Los principios generales del Derecho en el Derecho Administrativo francés contemporáneo*, en RAP, N° 6, pp. 296-297, citado por BELADIEZ ROJO. Comparte esta opinión (aunque con ciertos matices) PEÑAILILLO, quien al examinar si los principios son aplicables en forma directa o bien sólo en forma subsidiaria o residual, afirma: "en términos generales, debe procederse a una distinción que reduce o aísla la interrogante. Si se trata de aplicar el principio directamente al caso como solución única o fundamental (en una función normativa), parece natural concluir en esa vigencia subsidiaria (evitando así una verdadera substitución de la normativa y de ese modo todo un cambio de naturaleza del sistema); pero recordando que las diversas funciones que cumplen, su aplicación a casos también se percibe en otras actividades, como en la interpretación de normas obscuras; aquí, como elemento de interpretación y también como argumento en variados conflictos, jurídicos y de hecho, su aplicación directa a casos no encuentra obstáculo y, más aún, el carácter subsidiario no es pertinente" (PEÑAILILLO ARÉVALO, Daniel, *Las Obligaciones*, Reimpresión de Primera Edición, Editorial Jurídica de Chile, Santiago, 2006, pp. 48-49).

aparente y la expiración del mandato respecto de terceros de buena fe contra el mandante. De acuerdo al artículo 426 del Código Civil, existe una representación aparente entre el curador que ha dejado de serlo y el pupilo, representación en virtud de la cual el curador tendrá todas las obligaciones y responsabilidades que en tal cargo le correspondan, obligando al pupilo sólo en los actos que a éste le reporten beneficio, sacrificando en este aspecto la buena fe de terceros, con el fin de proteger al incapaz. Dicha norma al ser excepción a los principios generales del Derecho, debe ser interpretada en forma restrictiva"[26]. Por otra parte, encontramos cierta jurisprudencia que estima que la superioridad de los principios es de carácter absoluto; por ejemplo, en un notable fallo de la Corte de Apelaciones de Concepción, se sentenció que "a la hora de jerarquizar, los principios generales gozan de un rango superior al de las diversas normas precisas y determinadas que componen el sistema legal de la nación"[27].

En fin, siguiendo a Del Vechhio, podemos sostener que los principios no pueden prevalecer contra las normas particulares, ni destruirlas en ningún caso, pero tendrían valor sobre y dentro de tales normas, pues representarían la razón suprema y el espíritu que las informa.

§ 5. CARACTERES DE LOS PRINCIPIOS GENERALES DEL DERECHO

La generalidad de los autores, destacando entre ellos el autor español García de Enterría[28], señalan que son tres los caracteres comunes a todo principio general del derecho:

---

26 *Revista de Derecho y Jurisprudencia*, Tomo XXXVI, N° 7 y 8, Secc. Primera, p. 416, Corte Suprema, 1938.

27 *Gaceta Jurídica*, N° 266.

28 En relación a la materia, García de Enterría señala: "La misma expresión de "principios generales del Derecho" es ya feliz: se trata, en efecto, de verdaderos principios en sentido ontológico, que informan la institución en que se manifiestan, y no de meras máximas o reglas heurísticas; son, a la vez, generales, esto es, procedentes de una estimativa objetiva, no de la apreciación retórica y singular de una supuesta "justicia del caso concreto", de una "justicia del cadí", en la famosa expresión de Richard Schmidt; y, por último, al precisar su pertenencia al derecho se concreta su validez jurídica, en el sentido ya del Derecho aplicable, como también su expresión técnica, fruto de la experiencia de la vida jurídica, expresable sólo en una técnica de este carácter, y no como un simple precepto moral" (García de Enterría, Eduardo, *Reflexiones sobre la Ley y los principios generales del Derecho*, Editorial Civitas, Madrid, 1984, pp. 79-80).

5.1. Principalidad

En primer término se destaca su PRINCIPALIDAD, lo que significa que los principios generales del derecho son soportes primarios estructurales del ordenamiento; esto es, son fundamento, razón, condición y causa del ordenamiento. El hecho de ser principios implica que son base lógica y ontológica que informa a todo el ordenamiento jurídico. Es por ello que se entiende que los principios no pueden ser ubicados en un lugar determinado de la jerarquía de las fuentes del Derecho, atendido que los mismos tienen influencia en todos los niveles de dicho orden jerárquico.

Sobre la materia, y como se indicó en el apartado en anterior, los principios no son inferiores a la ley positiva desde un punto de vista jerárquico, pero por razones de seguridad jurídica, en caso de contradicción entre ambos, deberá preferirse a la ley particular, sin perjuicio de que el juez deba interpretar dicha ley conforme a los principios. A ello podemos agregar que los principios, aún cuando se trate de uno sin consagración positiva, tienen una ubicación jerárquica superior a la costumbre, pues deberán ser aplicados sin necesidad de una remisión expresa por parte de la ley, lo que no ocurre con la costumbre civil (costumbre secundum legem). A esta misma conclusión podemos llegar en materia comercial, donde la costumbre es praeter legem, pues, para que tenga aplicabilidad tal costumbre, es necesario que ella reúna una serie de requisitos, los que deben ser comprobados de cierta manera especial, lo que claramente no ocurre con los principios generales del derecho.

5.2. Generalidad

Una segunda característica se encuentra en la GENERALIDAD de los principios, esto es, que los mismos trascienden a un precepto concreto y organizan y dan sentido a muchos. Son género en oposición a especie. La generalidad de los principios está dada por su oposición a la especificidad de las demás fuentes del derecho[29]. Al respecto se ha señalado en nuestro medio que por ser los principios aplicables

29 Beladiez Rojo señala que los principios generales del derecho que encuentren consagración positiva siempre tendrán el carácter de ley positiva, por lo que las leyes que consagran principios nunca van a tener la fuerza suficiente para derogar preceptos legales que contengan prescripciones concretas y específicas que sean contrarias al principio legal. En nuestro ordenamiento jurídico, el llamado principio de la especialidad se encuentra consagrado en los artículos 5 y 13 del Código Civil.

a toda materia, "desde el punto de vista legislativo podrían formar parte antes de un Código Civil, de una ley de bases generales del ordenamiento jurídico"[30].

5.3. Juricidad

Finalmente, los principios se caracterizan por su juricidad, lo que da cuenta que éstos no son simples criterios morales, sino que poseen una fuerza imperativa directa, o si se quiere, son fuente formal del Derecho. En directa relación con este carácter se encuentra la llamada potencialidad jurígena, por la cual los principios pueden crear normas concretas de conducta. De este modo, los principios generales del Derecho se nos presentan como una real fuente directa de derechos y obligaciones, plenamente exigibles por los miembros de una relación intersubjetiva.

Para determinar el origen de esta potencialidad jurígena y obligatoria, será necesario revisar las distintas corrientes de pensamiento que ya analizamos (sin perjuicio de recordar que varios autores estiman que los principios no son fuente formal del Derecho y por ende no producen normas jurídicas). Así, para la doctrina iusnaturalista esta potencialidad provendrá del Derecho Natural y de la Ley Natural; la doctrina positivista sostendrá que proviene de su consagración legal; por último, la corriente culturista dirá que su origen se encuentra en el hecho de que los principios manifiestan un valor jurídico-ético de la comunidad.

§ 6. FUNCIONES DE LOS PRINCIPIOS GENERALES DEL DERECHO

En base a lo ya expuesto en cuanto al concepto, naturaleza y características de los principios generales del derecho, es posible concluir que ellos cumplen las siguientes funciones dentro del ordenamiento jurídico:

6.1. Función informadora

En primer término, los principios generales del derecho son fundamento de todo el ordenamiento jurídico, por lo que toda norma positiva debe elaborarse conforme a los preceptos que señalan los principios. En este sentido, De Los Mozos

30 Peñailillo Arévalo, *Op. Cit.*, p. 47.

señala que el legislador está llamado a respetar los principios, no a regularlos, ni siquiera enunciarlos, sino que debe remitirse a ellos cuando lo crea conveniente[31].

En razón de esta función, se sostiene que son los principios generales del derecho los que dan al ordenamiento jurídico su carácter de unidad y sistematicidad, esto es, que cada una de las normas pertenecientes a él tiene como fundamento último una misma norma, regla o principio.

Con todo, si bien existe cierto consenso en cuanto a que existe un "algo" que da la unidad al ordenamiento, han existido distintas posiciones acerca de que es ese "algo". Para KELSEN[32] aquello que le da unidad al ordenamiento no es una norma positiva, sino que una norma (pre)supuesta, a la cual llama norma hipotética fundamental, la cual impondría obedecer al primer legislador. Otros autores, como HART[33], hacen descansar la unidad ya no en una norma presupuesta, sino que en un principio o acuerdo mayoritariamente aceptado por la sociedad. Por su parte, VERDROSS[34] señala que ese "algo" que le da la unidad al ordenamiento jurídico serían los primeros principios del Derecho Natural.

En nuestra opinión los principios generales del derecho son precisamente lo que le dan la sistematicidad y unidad al ordenamiento jurídico, pues son el único instrumento que tiene la suficiente generalidad y principalidad para informar a todo el ordenamiento jurídico. Por lo demás, aparecen como el único instrumento con la capacidad de darle una cabal coherencia a todo un ordenamiento. En esta línea de pensamiento, ALCALDE señala que "así mirados, tales principios se nos revelan como el torrente sanguíneo que recorre las arterias de las diversas instituciones que integran el Derecho, insuflándoles vida y sentido; de modo que, sin ellos, estas últimas quedan irremediablemente condenadas a la atrofia y descomposición"[35].

6.2. FUNCIÓN INTEGRADORA

Al legislador le resulta imposible anticiparse a todos y cada uno de los distintos acontecimientos que pueden acaecer en la vida jurídica. Por otra parte, la vida moderna ha hecho surgir una innumerable serie de nuevas situaciones de carácter complejo, las cuales no eran previsibles para el legislador de los siglos pasados, y

31 DE LOS MOZOS, José Luis, *El principio de la buena fe. Sus aplicaciones prácticas en el derecho Civil Español*, Editorial Bosch, Barcelona, 1965.

32 KELSEN, Hans, *Teoría pura del Derecho*, Eudeba, Buenos Aires, 1973.

33 HART, Herbert, *El concepto del Derecho*, Abeledo Perrot, Buenos Aires, 1977.

34 VERDROSS, Alfred, *La Filosofía del Derecho en el Mundo Occidental*, UNAM, Méjico, 1962.

35 ALCALDE, *Op. Cit.*, p. 52.

que por lo tanto no encuentran una solución en el ordenamiento positivo. De ahí que sea necesario acudir a conceptos de carácter extrapositivo que permitan dar una solución jurídica a todas las situaciones no reguladas –llamadas lagunas legales–, y entre estos conceptos aparecen con gran fuerza los principios generales del derecho[36].

De este modo podemos afirmar que los principios generales del derecho son una real fuente directa de derechos y obligaciones, lo que nos lleva a preguntarnos qué carácter tienen los principios como fuente del derecho.

Para la generalidad de la doctrina y jurisprudencia española, los principios generales del derecho son fuente supletoria, esto es, tan sólo crearán derechos y obligaciones, y regularán sólo las situaciones no contempladas expresamente por el ordenamiento positivo. Esta interpretación encuentra su asidero en el Título Preliminar del Código Civil Español, que en su artículo 1.4 señala: "los principios generales del Derecho se aplicarán en defecto de la ley o costumbre, sin perjuicio de su carácter informador del orden jurídico"[37]. Interpretando esta norma, Diez-Picazo[38] señala que los principios tienen una doble función: por una parte inspiran a todo el ordenamiento jurídico (función informadora) y por la otra tienen aplicación directa en defecto de la ley y la costumbre. Con todo, desde la incorporación del artículo 7.1 en el Código Civil Español, que establece que los derechos deberán ejercerse de buena fe, algunos autores han señalado que, tratándose del principio general de la buena fe, ya no existe tal subsidiariedad[39].

---

36 Sobre la materia, Ferreira Rubio sostiene que "Si el Derecho no se adecua a las nuevas circunstancias podemos llegar a dos consecuencias, ambas disvaliosas; o bien la aplicación de la antigua formativa generará injusticias, o bien la sociedad comenzará a aparatarse del Derecho, produciéndose su derogación o desuso. En el intérprete está la posibilidad de impedir que ello ocurra, y para lograrlo cuenta con lo que se ha dado en llamar órganos respiratorios, conceptos válvula, entre los que se destacan los principios generales que permiten la irrupción ordenada de las nuevas realidades en el cuerpo formativo" (Ferreira Rubio, Delia Matilde, *La buena fe. El principio general en el Derecho Civil*, Editorial Montecorvo, 1984).

37 Normas semejantes a la española la encontramos en diversos cuerpos legales, tales como el Código Civil Argentino de 1862 –cuyo artículo 16 señala que la última instancia de derecho supletorio serán los principios generales del derecho, teniendo en consideración las circunstancias del caso–, el Código Civil Italiano de 1942 –cuyo artículo 12 señala "Si una controversia no puede ser decidida por una disposición precisa, se toman en consideración las disposiciones que regulan los casos similares o materias análogas; si el caso sigue siendo todavía dudoso, se decide según los principios generales del ordenamiento jurídico del Estado"–, y los Códigos Civiles de Uruguay, Portugal, Panamá y Suiza, entre otros.

38 Diez-Picazo, Luis, *Experiencia jurídicas y teoría del Derecho*, Editorial Tecnos, Madrid, 1973, p. 200.

39 En este sentido, Ferreira Rubio señala: "Pero hay un avance todavía más importante, en el logro del cual convergen, a nuestro juicio, la norma del art. 1.4 y la del 7.1; es el hecho de

Si bien en Chile no existe una norma que mencione de manera expresa la función integradora de los principios generales, una serie de normas del ordenamiento positivo, y en especial los artículos 24 del Código Civil y 170 N° 5 del Código de Procedimiento Civil, harán que la generalidad de nuestra jurisprudencia y doctrina nacional llegue a conclusiones similares a las anteriores[40]. En esta línea se encuentra, entre muchos otros, RODRÍGUEZ, quien sostiene que los principios son "el más importante y fecundo de los elementos de integración de las lagunas legales [...] estos principios constituyen una especie de síntesis de la legislación en general. La fórmula que servirá al juez para fallar el caso no puede estar basada en un principio ajeno al orden establecido. Si tal sucede no estaría integrando una laguna legal, sino legislando al margen de dicho orden jurídico"[41].

6.3. FUNCIÓN INTERPRETATIVA

Finalmente, la tercera gran función que cumplen los principios generales del derecho, y que es reconocida prácticamente por la unanimidad de la doctrina, se encuentra en el rol fundamental que juegan en la interpretación de toda norma jurídica, y en particular de las de naturaleza legal y contractual. Sobre este punto DIEZ-PICAZO señala: "También la determinación del verdadero alcance, sentido y significación que dentro del ordenamiento jurídico posee una determinada disposición legal solamente puede hacerse, en ocasiones, acudiendo a criterios extralegales. Cuando hablamos, pues, de 'principios generales del derecho' estamos haciendo referencia

---

que cualquier sospecha de subsidiariedad que pudiere recaer sobre él (el principio de la buena fe), ha desaparecido" (*Op. Cit.*, p. 301).

40 Sin perjuicio de lo que más adelante se dirá sobre la materia, desde ya debe destacarse que cierta jurisprudencia, si bien reconoce los principios generales del derecho se encontrarían en el artículo 24 Código Civil, les han dado un carácter supletorio de la ley. Así, a modo de ejemplo, citemos los siguientes fallos de nuestra Corte Suprema: "Los honorarios constituyen el estipendio o remuneración con que se retribuye la labor o actividad del notario y en ausencia de normas especificas que regulen la situación de un notario suplente, cabe aplicar los principios generales del derecho y la equidad" (*RFM*, N° 368,julio, 1989, p. 413). Los efectos de un acreditivo o crédito documentario es una materia sobre la cual no hay una legislación especial, sin perjuicio que se considere la existencia de tales créditos en el número 7 del artículo 75 de la Ley General de Bancos contenida en el Decreto Ley número 559 de 25 de septiembre de 1925, y en el artículo 7 número 108 de la Ley de Timbres, Estampillas y Papel Sellado contenida en el decreto de Hacienda número 400 de 27 de enero de 1943. En las condiciones enunciadas, sólo cabe aplicar a la materia los principios generales del derecho" (*RDJ*, t. LI, N°s. 9 Y 10, 1954, secc. primera, p. 488).

41 RODRÍGUEZ GREZ, Pablo, *Teoría de la interpretación jurídica*, Primera Edición, Editorial Jurídica de Chile, Santiago, 1990, pp. 27-28.

a estos criterios no legislados ni consuetudinarios mediante los cuales debemos integrar las lagunas legales y de los cuales servirnos para llevar a cabo la labor de la interpretación de las leyes"[42].

De esta manera, el juez necesariamente debe llevar a cabo su labor hermenéutica acudiendo a los principios generales, que, como vimos, son el único instrumento capaz de dar unidad y coherencia al ordenamiento jurídico. Y como vimos ello resultará de mayor importancia aún en aquellos casos que, aun en apariencia, una determinada norma positiva aparezca en conflicto con un principio, pues en tal caso si bien procederá aplicar la ley escrita, su sentido y alcance deberá ser establecido en una forma acorde a los principios que informan todo el ordenamiento jurídico. A esta conclusión se arriba no sólo teniendo en cuenta al espíritu general de la legislación a que se refiere el artículo del Código Civil, sino que también considerando el elemento sistemático contenido en el artículo 22 del mismo cuerpo legal, por cuanto si una ley puede ser ilustrada por otra ley (en particular si versan sobre el mismo asunto), y aceptamos que a su turno la legislación se encuentra a la vez informada por los principios, necesario es concluir que las leyes deben ser interpretadas de acuerdo a los principios.

§ 7. LOS PRINCIPIOS GENERALES DEL DERECHO EN EL ORDENAMIENTO JURÍDICO CHILENO

En nuestro Código Civil no existe una norma similar al artículo 1.4 del Código Civil Español, en que se le reconozca a los principios generales del derecho su calidad de fuentes formales del ordenamiento, lo que en todo caso no ha obstado a que la mayoría de nuestra doctrina y jurisprudencia sostenga que estos principios tienen plena aplicación en nuestro Derecho. Por nuestra parte, entendemos que en nuestro sistema es posible comprobar la existencia y reconocimiento de los principios empleando las distintas corrientes doctrinales que los explican.

En primer lugar, desde una posición iusnaturalista, obviamente no es necesaria una consagración positiva de los principios como fuente del ordenamiento jurídico, pues hemos visto que esta corriente de pensamiento entiende que los principios provienen del Derecho Natural y de la Ley Natural, los cuales son anteriores y superiores a la ley positiva. En otras palabras, por ser los principios generales anteriores al ordenamiento positivo, obviamente no se requiere de un

42 Diez-Picazo, Luis, *Experiencia...*, p. 202.

reconocimiento expreso por parte de este último para que los principios obtengan validez.

Por su parte, la corriente culturista, que afirma que los principios representarían ciertos valores jurídico-éticos de una comunidad determinada, también cree que los principios son anteriores al ordenamiento positivo, pues representan valores que la comunidad toda estima de gran importancia, y que por su evidencia, no requieren de consagración positiva expresa para constituirse como fuente del Derecho.

Nosotros estamos por ambas posturas, pues creemos que en este aspecto sostienen esencialmente lo mismo, en el sentido de que no hay necesidad de una consagración legal para que el principio adquiera fuerza normativa, pues en ambas doctrinas, lo determinante para reconocer a los principios jurídicas será su evidencia (sea que esta provenga del Derecho Natural o bien de los valores de una determinada comunidad). Al efecto resulta pertinente citar un interesante dictamen de la Contraloría General de la República, en el que el ente de control resolvió lo siguiente: "Sobre este particular cabe señalar que el artículo 61 del estatuto administrativo reconocía implícitamente el derecho a renunciar al ascenso al determinar las consecuencias que dicha renuncia producía. Ahora bien, la derogación de esta disposición en caso alguno puede significar que el derecho al ascenso haya pasado a tener carácter irrenunciable, puesto que la irrenunciabilidad del mismo no emanaba sólo del artículo 61 ni se deriva de ninguna otra disposición del citado decreto con fuerza de ley 338, ya que tiene sus fundamentos en los principios generales del derecho"[43].

Ahora bien, sin duda alguna que una consagración positiva de los principios va a tener una gran importancia en la práctica, pues hará más patente al juez y a la comunidad la existencia del principio y su plena aplicabilidad en el ordenamiento, lo cual evitara razonamientos relativos acerca de su existencia y entidad.

Sin perjuicio de lo anterior, en nuestra opinión también es posible comprobar la vigencia de los principios generales del derecho en nuestro ordenamiento jurídico desde la óptica positivista, si se consideran los siguientes fundamentos de orden constitucional y legal.

En primer lugar, el inciso segundo del artículo 76 de la Constitución Política de la República consagra de manera expresa el principio de la inexcusabilidad de los Tribunales de Justicia, señalando que "reclamada su intervención en forma legal y en negocios de su competencia, [los tribunales] no podrán excusarse de ejercer

43 Dictamen N° 22.275, de 30 de marzo de 1976.

su autoridad, ni aún por falta de ley que resuelva la contienda o asunto sometido a su decisión". El mismo principio se encuentra redactado de manera idéntica en el inciso 2° del artículo 10 del Código Orgánico de Tribunales (que como se sabe es una ley orgánica constitucional). Con esto, nuestro ordenamiento positivo ordena a los Tribunales de Justicia pronunciarse siempre sobre una determinada contienda, aún a falta de ley, y para ello deberán recurrir necesariamente a los principios generales del derecho.

En concordancia con lo anterior, existen distintas normas de índole procesal que hacen mención expresa a los principios, y que se encuentran en directa relación con las normas antes vistas. Así, el artículo 170 del Código de Procedimiento Civil señala en su numeral 5 que una de las menciones que deben contener las sentencias definitivas es precisamente "La enunciación de las leyes, y en su defecto de los principios de equidad, con arreglo a los cuales se pronuncia el fallo". Por su parte, el numeral 6° del artículo 500 del antiguo Código de Procedimiento Penal señalaba con aún mayor claridad que la sentencia definitiva en materia penal deberá contener "La cita de las leyes o de los principios jurídicos en que se funda el fallo"[44].

Más claro aún es el artículo 6 del Código Aeronáutico, que dispone que "En lo no previsto en este Código ni en los convenios o tratados internacionales aprobados por Chile, se aplicarán las normas del derecho común chileno, los usos y costumbres de la actividad aeronáutica y los principios generales de derecho".

Por último, la norma en que la mayoría de la doctrina nacional se basa para comprobar la existencia de los principios generales del derecho es el artículo 24 del Código Civil, sobre reglas de interpretación de las leyes, que señala: "En los casos a que no pudieren aplicarse las reglas de interpretación precedente, se interpretarán los pasajes obscuros o contradictorios del modo que más conforme parezca con el espíritu general de la legislación y a la equidad natural". Si bien es evidente que el artículo 6 del Código Aeronáutico establece en forma mucho más explícita el rol de los principios, resulta conveniente encontrar una disposición

---

44 Cabe señalar que en el Nuevo Código Procesal Penal no existe una referencia expresa a los "principios jurídicos", sino que su artículo 342 establece que las sentencias deben hacer referencia a "las razones legales y doctrinales" sobre el contenido de la sentencia. A nuestro entender la nueva redacción de la legislación procesal penal no tuvo por objeto descartar la aplicación de los "principios jurídicos", sino que por el contrario amplio los fundamentos en los que los tribunales pueden basar sus resoluciones, las que como es claro deberán respetar los principios generales aplicables a la materia, que en su mayoría se encuentran reconocidos en el artículo 19 N° 3 de la Constitución Política.

del Código Civil para sustentar su existencia en nuestro ordenamiento jurídico, atendido que a es éste el cuerpo normativo de carácter general y común que se aplicará en los casos en que no exista una norma especial.

Con relación al citado artículo 24, deben destacarse ciertos puntos que han suscitado una serie de discusiones en torno al mismo:

(i) En primer término, es necesario tener en cuenta que la génesis del artículo 24 se encuentra en el artículo 4 del Proyecto de Código Civil de 1853, el cual disponía que "En materias civiles, a falta de lei escrita o de costumbre que tenga fuerza que tenga fuerza de lei, fallará el juez conforme a lo que dispongan las leyes para objetos análogos, i a falta de éstas, conforme a los *principios generales de Derecho* i de equidad natural"[45].
Como puede apreciarse, la redacción contenida en el Proyecto Inédito no fueron recogidas en la versión final del Código Civil, lo que ha dado lugar a dos posturas: la primera, que sustenta que esta eliminación tuvo por objeto excluir a los principios generales del derecho como regla de interpretación[46], y una segunda, que entiende que con la inclusión del "espíritu general de la legislación" sólo se pretendió ampliar la redacción original, por lo que necesariamente deben entenderse incorporados los principios. Nosotros estamos por la segunda opinión, pues a nuestro entender resulta inconcebible buscar el espíritu general de la legislación en elementos extraños a los principios jurídicos, sobre todo si se considera que son éstos los que cumplen una función informadora que le permite dar una unidad y sistematicidad general al ordenamiento jurídico. Asimismo, es claro que el espíritu general de la legislación es algo distinto a la equidad, pues de otra forma no se entendería el porqué el artículo 24 menciona a ambos, diferenciándolos en forma clara[47].

---

45 GUZMÁN BRITO, Alejandro, *El significado histórico de las expresiones Equidad Natural y Principios de Equidad en el Derecho Civil chileno*, en Revista de Ciencias Sociales, Universidad de Valparaíso, N°s 18-19, Valparaíso, 1981, pp. 11-143.

46 En este sentido se encuentra FUEYO, *Interpretación...*, *Op. Cit.*, p. 41.

47 Ello no obsta a que ciertos autores encuentren el fundamento último de los principios en la equidad, existiendo entre ambos una relación de especie a género. Sobre la materia se ha sostenido que los principios "constituyen aplicaciones un paso más específicas de aquel general concepto [de la equidad], sólo que matizado para distintas situaciones, como elementos, algunos técnicos, que lo precisan. Dicho de otro modo, es la equidad con contornos más especificados, ante determinadas situaciones. Esos elementos que la adecuan, como ocurre habitualmente con el afinamiento doctrinario, son útiles para asegurar un funcionamiento más objetivo de la equidad, que evite los riesgos de su aplicación en estado puro, en el cual puede corromperse o equivocarse más fácilmente" (PEÑAILILLO, *Op. Cit.*, p. 48).

(ii) En cuanto a su campo de aplicación, parte de la doctrina sostiene que la norma en análisis es restrictiva desde un triple punto de vista: primero, porque sólo tiene aplicación subsidiaria para aquellos "casos a que no pudieren aplicarse las reglas de interpretación precedente"; segundo, porque los principios tan sólo permiten "interpretar los pasajes oscuros o contradictorios", pero no integrar ni menos contrariar la ley; y tercero, porque sólo se hace referencia al "espíritu general de la legislación" y no a los "principios generales del derecho", con lo cual únicamente es factible emplear los principios que informan al derecho positivo chileno vigente, descartándose así la aplicación de otros que se deriven de la Ley o el Derecho Natural[48].

En cambio, otra postura, a la que adherimos, sostiene que no obstante la redacción del artículo 24, el mismo no opera de forma supletoria, sino que informa todo el proceso interpretativo pues "no sería aceptable –sino absurdo– que cuando se integra la ley o se recurre en la interpretación exclusivamente al art. 24, se buscara una solución de equidad, y que cuando se utilizan los otros métodos de interpretación se pudiera llegar a una solución inicua"[49]. Asimismo, entendemos que el artículo 24, analizado en forma armónica con los ya citados preceptos de la Constitución, del Código Orgánico de Tribunales, y del Código de Procedimiento Civil, no se limita a una mera norma de interpretación, sino que consagra una real fuente de integración del Derecho, que operará a falta de una disposición positiva (la que en todo caso deberá ser interpretada conforme a los principios).

En conclusión, en todo nuestro ordenamiento jurídico, partiendo por la Constitución Política, pasando por leyes orgánicas constitucionales y leyes simples, existe un claro reconocimiento a los principios generales del derecho como fuente de nuestro ordenamiento positivo.

Así por lo demás ha sido reiterado en múltiples ocasiones por nuestra jurisprudencia, quien tempranamente reconoció la validez de los principios generales del derecho en nuestro ordenamiento. A modo de ejemplo, veamos el siguiente fallo de principios del siglo pasado: "Los seguros llamados tontinos, sujetos al pago de una prima fija y periódica, no están sujetos a las reglas especiales del Código de Comercio, por lo que las cuestiones que sobre ellos se susciten deben resolverse conforme a las reglas generales sobre los contratos contenidas en nuestra

---

48 En este sentido, ver Squella, *Op. Cit.*, p. 288.

49 Ducci, *Op. Cit.*, p. 152. El autor cita en apoyo de su postura los fallos publicados en RDJ T. II, Sec. 1ª, p. 675; Sec. 1ª, p. 689; T. XXXIV, Sec. 2ª, p. 2; Sec. 2ª, p. 28; T. XL, Sec. 1ª, p. 183; T. XLVIII, Sec. 4ª, p. 70.

legislación civil, y a los principios fundamentales del derecho"[50]. En este mismo sentido también se ha manifestado la jurisprudencia administrativa-laboral, al señalar que "como la ley no resuelve el caso [de acumulación del feriado] hay que recurrir a los principios generales del derecho como la equidad natural"[51].

50 *Gaceta de los Tribunales*, 1903, N° 6460, Segundo Semestre, Corte de Apelaciones de Tacna, secc. Civil, p. 937, 1903.

51 Ord. 0062, Dirección del Trabajo, 1988.

CAPÍTULO II
LA BUENA FE COMO PRINCIPIO GENERAL DEL DERECHO

§ 1. ORIGEN Y EVOLUCIÓN HISTÓRICA DE LA BUENA FE[52]

1.1. La buena fe en el Derecho Romano

En términos generales, la *fides* (fe) influenciaba prácticamente la totalidad de los distintos ámbitos de la realidad romana, abarcando campos tan disímiles como la religión (existiendo un culto a la Diosa Fides), las relaciones políticas e internacionales y también los institutos jurídico-privados[53]. Con todo, se puede señalar que la *fides* suponía siempre, en todos los ámbitos en que actuaba, un "hacer lo que se dice", un "cumplir con lo que se promete", o bien "tener palabra", generándose así una confianza o un estado de confianza. En este sentido, Cicerón definió la *fides* como "la actitud perseverante y veraz ante las palabras pronunciadas o los acuerdos celebrados"[54], lo que siglos después fue reafirmado por Betti al indicar que el concepto consistía en el "hábito de firmeza y de coherencia de quien sabe recordar los compromisos asumidos mediante declaraciones o acuerdos".[55]

---

52 El análisis histórico de la buena fe, y en particular el amplísimo rol que jugó en el Derecho Romano, ha sido materia de amplios estudios que sobrepasan por mucho este trabajo, en el cual nos enfocaremos principalmente en el origen y evolución que la buena fe ha tenido en el derecho privado, y en particular en matera de obligaciones.

53 Como explica Kluger, en Roma la *Fides* solía obrar a la vez tanto en materia religiosa como jurídica: "En Roma se invocaba a la Diosa Fides en la celebración de los negocios jurídicos. La palma de la mano era consagrada a la diosa y por eso, los contratantes apretaban las manos al finalizar el negocio, a fin de sacramentar lo convenido" (Kluger, Viviana, *Una mirada hacia atrás: desde Roma a la Codificación. El recorrido histórico de la buena fe*, en Tratado de la Buena fe en el Derecho, *Op. Cit.*, T. I, p. 90).

54 Cicerón, De Off, III, 17, 43, citado por Louzán de Solimano, Nelly Dora, *La buena fe en el Derecho Romano*, en Tratado de la Buena fe en el Derecho, *Op. Cit.*, T. I, p. 81).

55 Betti, Emilio, *Teoría general de las obligaciones*, Tomo I, Editorial Revista de Derecho Privado, Madrid, 1969, p. 84.

Luego, en los distintos textos romanos se comienza a ocupar la locución *bona fides*, lo que añadiría una idea de solidez o seguridad respecto de la simple *fides*. Se estima que la *bona fides* "surgió debido a la difusión de los negocios internacionales en el ordenamiento romano y de la inexistencia de una formalidad que permitiera la interferencia del Estado (actio) en las relaciones negociales, pues ellas presentaban, en la mayoría de los veces, características consensuales"[56]. Así, CASTRESANA[57], siguiendo a LOMBARDI, concluye que la *bona fides* pasa a ser un concepto netamente jurídico, esto es, "una creación procesal de la experiencia jurídica" romana cuyas características más relevantes son su naturaleza unitaria, jurídica y procesal.

Con todo, según advierte la misma CASTRESANA, "la integración de la *fides* –'valor' individual, socialmente reconocido– en el Derecho Romano se produce desde el mundo de la ética social en los primeros momentos de su historia. Esta asimilación se opera de forma lenta y progresiva, sin cambios bruscos iniciales, aún cuando los resultados, al completarse el proceso de integración, reflejen transformaciones sustanciales en todos aquellos institutos jurídicos 'afectados' por la *fides*"[58]. De este modo, se advierte que la *bona fides*, como institución jurídica, sufrió una evolución a lo largo del Derecho Romano, como pasamos a revisar a continuación.

En el **primitivo Derecho Romano**, de carácter formalista y ritualista, el concepto de *bona fides* se encontraba reducido a un mínimo, sin tener mayores repercusiones de índole jurídica. MEDINA[59] señala que el sentido principal de la buena fe parece haber permanecido ligado a la noción de equidad y probidad en las relaciones de derecho, configurándose como lo contrario al dolo y al fraude. En el proceso formulario la buena fe comenzó a tener aplicación práctica y una debida protección legal a través de la exceptio doli, que tenía por objeto enervar las acciones deducidas de manera dolosa.

Es en el **Derecho Romano clásico** donde los juristas comienzan a acuñar una noción más clara y jurídica de la buena fe, basándola en un claro contenido ético. Es en esta época donde aparecen por un lado, en el ámbito de las obligaciones,

---

56 KLUGER, *Op. Cit.*, p. 93.

57 CASTRESANA, Amelia, *Fides, bona fides: un concepto para la creación del Derecho*, Editorial Tecnos, Madrid, 1991.

58 CASTRESANA, *Op. Cit.*, p. 97.

59 MEDINA PÉREZ, José, *La buena fe en la doctrina, la legislación y la jurisprudencia*, Memoria de prueba para optar al grado de licenciado en la facultad de Ciencias Jurídicas y Sociales de la Universidad de Chile, 1950.

los *bonai fidei negotia*[60], que se identifica con lo que comúnmente se denomina buena fe objetiva, y a la vez aparece, en materia posesoria, una noción de buena fe fundada en un estado de ignorancia y de error excusable, lo que hoy se identifica con la buena fe subjetiva.

Por último, en la etapa de la **Codificación**, existiría un concepto unitario de la buena fe. Así, GORPHE[61], señala que la *bona fides* siempre conserva la significación fundamental de lealtad, confianza, intención leal y honesta, tanto en la *bonae fidei negotium, contractus, actio, bona fide emere, trajere, accipere, ocupare, possidere*. Así, existe una unidad de origen y fundamento, pese a las múltiples aplicaciones que este instituto encuentra en el Derecho.

1.2. LA BUENA FE EN EL DERECHO CANÓNICO

Si bien en el Derecho Romano la buena fe fue un instituto de gran importancia, que influyó en una serie de instituciones jurídicas, fue en la época del Derecho Canónico, por su fundamento moral, donde la buena fe adquirió los caracteres de principio general del Derecho. Es en este período cuando surgen con gran fuerza los juristas influenciados por el *iusnaturalismo*, que, como vimos anteriormente, estimaban que existían una serie de principios de orden superior que emanaban del Derecho natural, entre los que destacó el de la buena fe, ahora impregnada de conceptos moralistas y religiosos. Pero, como concluye RUFFINI, el Derecho Canónico llegó a concebir a la buena fe como todo aquello en el cual no había pecado; de ahí que se señalara "*Omne, quod non est ex fide, peccatum est*" ("Todo lo que no es leal es pecado" [C. 20, X, de *praesriptionibus*, 2, 26]). Por otro lado, GORPHE señala que el concepto de mala fe comienza a identificarse con el concepto de pecado[62].

En este período, la buena fe alcanza una importancia trascendental, aún más que en el Derecho Romano, influyendo en materias tan variadas como matrimonio, acciones, posesión, prescripción y contratos. En lo que toca a esta última materia, KLUGER apunta que "en la época de los glosadores (siglos XII y XIII) la buena fe constituye uno de los elementos más importantes para la creación de la categoría general del contrato, sobre todo porque el contenido ético y moral que llena a la buena fe sirve de base para este ensanchamiento y generalización a partir de

60 Más adelante desarrollaremos de manera más amplia los llamados contratos de buena fe en el Derecho Romano.

61 GOERPHE, Francois, *Le principe de la Bonne Foi*, citado por MEDINA PÉREZ, *Op. Cit.*

62 RUFFINI y GORPHE, ambos citados por MEDINA PÉREZ, *Op. Cit.*

los singulares tipos negociales o contractuales, presentándose a la especulación jurídica de la nueva ideología cristiana y europea"[63].

Por su lado, MEDINA observa que en esta época se produce una particular clasificación de la buena fe. Por una parte existiría la buena fe jurídica, que sería el conjunto de reglas que las legislaciones consagran sobre la buena fe. Por otra, existiría la buena fe teológica, que, al contrario de la jurídica, existe sólo en el fuero interno y no se encuentra sometida a normas legislativas de ninguna especie; si la ley civil llegara a reglamentarla deja automáticamente de ser buena fe teológica para transformarse en buena fe jurídica. No deja de tener interés práctico esta clasificación, pues nos demuestra que la buena fe, como principio general del Derecho que es, tiene plena aplicación, sea que se encuentre o no contenida en una norma positiva.

1.3. EN EL POSITIVISMO

Como analizamos anteriormente, con la avenida del positivismo se intento hacer una plena semejanza entre el Derecho y la Ley, careciendo de valor todo aquello que no tuviera una consagración positiva, y de este modo, los principios generales del derecho –entre ellos el de la buena fe– pierden toda validez. Así, a modo de ejemplo, todos los contratos serían de estricto derecho, pues no cabía la posibilidad de que una persona resultase obligada a algo que no apareciere de modo expreso en la ley o en el contrato.

Pero, como también señalamos, rápidamente el positivismo constaó la imposibilidad en que se encontraba el legislador de poder regular todas y cada una de las situaciones que se podían dar en el tráfico jurídico, lo que obligó a recurrir a los principios jurídicos como una "válvula", en la cual el juez podría encontrar la solución a problemas no regulados de manera expresa.

Con todo, sólo cabía la aplicación de los principios que tuvieran una consagración positiva, y uno de los principios con mayor aplicación legal fue el de la buena fe. Así, comenzaron a regularse situaciones como la posesión de buena fe (y qué debía entenderse por ella), el matrimonio putativo, y la ejecución de buena fe de los contratos, etc.

Sin duda alguna, la Codificación –sobre todo la francesa– influyó de manera determinante en nuestra legislación, principalmente en el Código Civil, que importó una serie de normas que contenían una alusión al principio general de

63 KLUGER, *Op. Cit.*, p. 96.

la buena fe, con ciertas modificaciones, como veremos al analizar en particular el art. 1546 del Código.

Con todo, es preciso señalar que si bien el principio general de la buena fe contractual se encontraba establecido en los distintos Códigos Civiles, en un comienzo los autores positivistas no le atribuían mayor trascendencia práctica para así evitar el riesgo e inseguridad jurídica que podría provenir de la proliferación de soluciones carentes de consagración legal. Díaz Robledo[64] señala sobre este punto que en el sistema francés la buena fe contractual es sólo una regla moral que no llega a constituirse como un "instituto jurídico", debido a las influencias del Derecho Natural y del Derecho Canónico, que concebían a la buena fe como una regla subjetiva del "fuero íntimo" que no alcanza el "fuero externo", el cual se encontraba regido por el fuero del derecho positivo. En el individualista sistema francés, ante la tensión de los dos institutos –la autonomía de la voluntad y la buena fe–, este último cedía ante el primero, pues no se concebía que haya límites a la voluntad manifestada por las partes. Esta manera de ver a la buena fe fue sólo una forma de vaciarla de contenido y esto se vio reforzado con la escuela de la exégesis, método de interpretación que ligaba para cualquier solución a la ley escrita en forma literal. Esto además se veía reforzado por el hecho de que no había una independencia propia de los poderes, es decir, el Poder Judicial no podía modificar lo que literalmente las partes habían puesto en un contrato, y por tanto reducía el poder creador de la jurisprudencia.

Pero la situación recién descrita sufrió un brusco cambio con la aparición de diversas dificultades de carácter inflacionario causadas a partir de la Primera Guerra Mundial. En Alemania, para hacer frente a estos problemas surgidos de la guerra, el Tribunal del Reich comenzó a desarrollar una amplísima interpretación del parágrafo 242 del Código Civil alemán (BGB), limitando de manera extraordinaria a la autonomía de la voluntad, la cual comenzó a ceder terreno a la buena fe. Así las cosas, el Poder Judicial, amparándose en la buena fe, se atribuyó la facultad de modificar contratos de particulares sin límite alguno[65].

---

64 Díaz Robledo, Fabián, *La buena fe en el Derecho*, artículo publicado en Internet, en la página www.iusnews.com

65 Larenz relata esta situación en los siguientes términos: "En la época de la desvalorización monetaria y después de ella, al comienzo de los años veinte, la jurisprudencia fue en este sentido aún más lejos. Después de vacilaciones iniciales, consideró obligado a una revaporización al deudor de dinero que en el tiempo en que el poder adquisitivo de la moneda se redujo a una fracción insignificante de su valor originario pagó su deuda según el valor nominal, con lo cual habrá cumplido, según la ley, mas impuso la revaporización a tenor de la buena fe. De este criterio deriva que el acreedor no puede exigir todo el valor –según el

Enfrentados a esta aplicación desmedida del principio de la buena fe, la doctrina comenzó a realizar un notable esfuerzo dirigido a reestudiar la buena fe, ahora desde un punto de vista más técnico, intentando determinar su contenido y límites. Sin duda uno de los autores más críticos de este "Derecho judicial libre" fue el alemán Franz WIEACKER, quien en 1955 escribió su obra "El principio general de la buena fe". Éste autor introduce su estudio señalando que "la aplicación que del parágrafo 242 del BGB hacen los tribunales alemanes hay que considerarla como algo ya consolidado en el derecho actual: se trata de un Derecho judicial libre, que escapa a toda precisión y a todo tipo de reflexión y análisis"[66], agregando más adelante que "se hacen orgullosas referencias al pretor romano o al juez inglés. Y resuenan deseos o apetencias de una jurisprudencia de intereses o de un derecho libre. Se olvida de este modo que incluso después de una eventual superación del positivismo, la jurisprudencia ha de continuar siendo servidora de la ley y del derecho"[67]. Este autor concluye: "Las nuevas creaciones ético-jurídicas que hoy suelen invocarse con base en el parágrafo 242 escapan totalmente a la codificación y a la exposición científica. El legislador no es dueño del futuro de su sociedad y la historia se ha burlado siempre del intento de dirigir sus enormes poderes por causes previamente establecidos. Razón de más para que nuestra tarea deba consistir en desviar las mareas en calma, dominarlas y dirigirlas hacia un trabajo útil"[68].

---

precio del oro u otro determinado como medida considerada invariable– según su crédito originario pero sí una cantidad en atención a los intereses y a la situación económica, y en especial a las pérdidas ocasionadas por la desvalorización corresponda a ambas partes según la equidad en el caso concreto. De esta forma la jurisprudencia llevó a cabo un "amparo judicial" ajustado al supuesto de hecho correspondiente, fórmula que no estaba autorizada por el parágrafo 242. La justificación interna de este proceder arrancaba de la existencia de una situación de necesidad jurídica y de la inexistencia de leyes, lo cual ocasionó que las cosas fueren demasiado lejos. De todo lo dicho resulta que la jurisprudencia sobre revalorización monetaria, continuada en el reconocimiento de la denominada "pretensión de compensación", en virtud de las pérdidas indirectamente relacionadas con la depreciación monetaria, ha de ser aplicada con extremado cuidado sin olvidar el contenido y alcance del parágrafo 242" (LARENZ, Karl, *Derecho Civil. Parte General*, Editorial Revista de Derecho Privado, Madrid, 1978, pp. 149 et 148).

66 WIEACKER, Franz, *El principio general de la buena fe*, Editorial Civitas, Madrid, 1977, p. 25.

67 WIEACKER, *Op. Cit.*, p. 29.

68 WIEACKER, *Op. Cit.*, p. 98.

1.4. Época actual

Con la actual atenuación del positivismo, el reestudio de instituciones romanas y canónicas, y el comienzo de un análisis técnico y científico de la buena fe, podemos observar que en el derecho comparado –y también con algo de retraso en Chile– este principio ha retomado una gran importancia[69], lo cual creemos que se manifiesta a lo menos de los dos modos que a continuación se indican.

En primer lugar, en la segunda mitad del siglo XX, se comienzan a introducir modificaciones en los Códigos Civiles, del orden de establecer, ya no de manera diseminada, sino que unitaria y con aplicación general, el principio de la buena fe. El modo más usual –y por lo demás el más lógico– es introducir en los títulos preliminares la **consagración positiva de este principio**. Así, y tan sólo a modo de ejemplo, en una reforma introducida el año 1974 al Titulo Preliminar del Código Civil español, el art. 7.1 señala que "los derechos deberán ejercitarse conforme a las exigencias de la buena fe"; por su parte, el Código Civil suizo de 1907 señala en su art. 2° que "Todos deben ejercer sus derechos y cumplir sus obligaciones de acuerdo con las reglas de la buena fe".

En nuestro Código Civil, si bien existen múltiples alusiones y aplicaciones prácticas del principio de la buena fe, no contiene una norma expresa que lo instituya como principio general, a diferencia de otras legislaciones. Si bien nadie niega en nuestro medio que la buena fe es un principio general del derecho, sin duda que una consagración expresa en ese sentido puede ayudar a dinamizarlo, y abriría una puerta para que los tribunales apliquen en mayor medida este principio[70].

---

69 Un buen ejemplo de esta aseveración es dado por los ya mencionados Principios de Derecho Europeo de los Contrato, así como el Proyecto de Principios Latinoamericanos de Derecho de los Contratos.

70 En este mismo sentido, Diez-Picazo, comentando la reforma de 1974 al título preliminar del Código Civil español, que consagra que los derechos deben ejercitarse conforme a los dictados de la buena fe, señala: "Un principio general de la buena fe es algo que se podía, sin discusión, considerar existente dentro de él con anterioridad, consagrado por una reiterada opinión de la doctrina de los autores y por las decisiones jurisprudenciales por vía de generalización de las múltiples aplicaciones que tanto el Código civil como las leyes especiales realizan. Es cierto que no hay genuina innovación. Sin embargo, como he señalado en otras ocasiones, la inserción de un texto en el Título Preliminar contribuye de manera eficaz a dinamizarlo. El título preliminar del Código civil es algo así como el pórtico de todo el ordenamiento jurídico. Y no es lo mismo tener una pieza o maquinaria en la puerta, donde todo el mundo la ve y se le puede ocurrir utilizarla, que tenerla olvidada en un rincón escondido del edificio". Diez-Picazo, Luis, en el prólogo que escribió con ocasión de la traducción al español del libro de Wieacker, *Op. Cit.*, p. 10.

En segundo lugar, los autores modernos, tanto en el llamado derecho continental como en el anglosajón, han comenzado a realizar un estudio técnico de la buena fe, desarrollando así una serie de **teorías** que encuentran su base y fundamento en este principio, y que gradualmente han sido acogidas tanto por la doctrina como por la jurisprudencia. Entre estas teorías podemos señalar a la teoría de la imprevisión (que ya cuenta con una consagración legal en ciertas legislaciones, como la argentina), la teoría de los actos propios (*venire contra factum proprium non valet*), la llamada interferencia desleal en contratos ajenos (reconocida en la Ley de Competencia Desleal), la teoría del abuso del derecho (también consagrada positivamente en muchos ordenamientos extranjeros, y que como vimos también es reconocida por la Ley de Competencia Desleal Chilena), la responsabilidad precontractual, entre otras tantas. Todas estas teorías han encontrado una aceptación –si bien tímida en un comienzo– en la jurisprudencia y doctrina chilena.

Sin duda alguna, estos dos hechos nos demuestran una real revitalización del principio general de la buena fe en el actual Derecho comparado. Por su parte, hemos visto como la legislación, doctrina y jurisprudencia chilenas han comenzado ha acoger ciertas teorías fundadas en la buena fe (ya contamos con fallos de nuestra Corte Suprema que acogen de manera expresa la teoría del abuso del derecho y la doctrina de los actos propios, y uno de la Corte de Apelaciones relativa la teoría de la imprevisión). Sin embargo, en nuestro medio existe un gran atraso en comparación con otras naciones, incluso de nuestro mismo continente. Creemos que esto se debe, a lo menos en parte, al hecho de no contar con una norma que de modo expreso consagre el carácter general de la buena fe: si bien una positivización no es necesaria esta para poder aplicar de manera directa el principio, la experiencia comparada en los países en que ello sí ocurre da cuenta que los tribunales se sienten con la debida confianza y respaldo para aplicarlo directamente y darle un debido estudio.

§ 2. CONCEPTO Y CONTENIDO DE LA BUENA FE

a) Como **consideración de orden general**, debe advertirse que el concepto de buena fe ha sido uno de los que más dificultades presenta a todo autor que lo ha intentado abordar. Esta dificultad proviene del hecho de que la buena fe tiene una vastísima aplicación en todo nuestro ordenamiento jurídico, manifestándose de las más variadas y diversas formas, y cumpliendo un sinnúmero de funciones.

En efecto, desde un punto de vista cuantitativo, el concepto es uno de los más utilizados por el Código Civil: son cuarenta y cuatro los artículos que hacen referencia expresa a la buena fe[71], mientras que en treinta y seis disposiciones mencionan a la mala fe[72], a la cual además caben agregar las múltiples normas que encuentran su fundamento directo en el principio en análisis[73]. El problema se agrava si se analizan las materias en las que actúa la buena fe: muerte presunta, matrimonio, acciones de filiación, alimentos, modos de adquirir el dominio, posesión, prestaciones mutuas, indignidades para suceder, partición, efectos de los contratos, pago, nulidad, regímenes matrimoniales, compraventa, arrendamiento, sociedad, mandato, pago de lo no debido, fianza, etc. En fin, la conceptualización de un principio tan empleado para materias tan diversas se hace prácticamente imposible si se analizan las múltiples funciones que la buena fe cumple tanto como principio general del derecho (informar, integrar e interpretar) como en particular (protección de la apariencia y del error excusable, límite al ejercicio de derechos, patrón o estándar de conducta exigible, etc.).

La vastedad del concepto ha sido vista por más de un autor como un vicio. Así, por ejemplo, De Trazegnies manifiesta que "la mayor parte de las definiciones de la buena fe no son sino malabarismos lingüísticos, delicadamente envueltos dentro de una bruma de candor y hasta de beatitud, que difícilmente pueden ser utilizados con rigor por el legislador y los tribunales según requería Ripert. La buena fe es un concepto al que parece haberle sucedido un problema similar a la rana de Esopo: tanto quiso ser importante, tanto se infló para alcanzar las dimensiones del buey, que finalmente reventó y lo que encontramos después no son sino hilachas difícilmente utilizables"[74].

Por el contrario, buena parte de la doctrina sostiene que la amplitud de la buena fe es su principal virtud. En este sentido Loussouarn sostiene que la buena fe posee los atributos más característicos de los caimanes y los camaleones: "Por un lado, como el caimán que vive indiferentemente en la tierra o en el agua, la

71 Ver Anexo I.

72 Ver Anexo II.

73 Es el caso, por ejemplo, del artículo 1683, en cuanto impide ejercer la acción de nulidad absoluta al que ha ejecutado el acto o celebrado el contrato sabiendo o debiendo saber el vicio que lo invalidaba. Más evidente aún es el caso del artículo 556 N° 1 del Código de Comercio, sobre contrato de seguro, que impone al asegurado la obligación de "declarar sinceramente todas las circunstancias necesarias para identificar la cosa asegurada y apreciar la extensión de los riesgos".

74 De Trazegnies Granada, Fernando, *Desacralizando la Buena Fe en el Derecho*, en Tratado de la Buena Fe en el Derecho, *Op. Cit.*, T. II, p. 25.

buena fe puede manifestarse en todos los ámbitos (de allí su generalidad) y prosperar devorándose las técnicas competidoras [...] Por otro lado, tiene además la capacidad de adaptarse a las necesidades que debe satisfacer y que pueden variar de una disciplina a otra. El poder de mimetismo del que está dotada hace de ella un conpceto proteiforme. Es la buena fe-camaleón"[75].

A nuestro entender, la amplitud y flexibilidad del concepto no es más que una característica propia y necesaria de la naturaleza de la buena fe como principio general del derecho, los que como hemos visto surgen precisamente como el principal instrumento integrador de lagunas legales e informador del ordenamiento jurídico. Es por ello que pretender constreñir a la buena fe a una fórmula precisa y estricta sólo logrará restarle su principal virtud en cuanto principio jurídico, como es su capacidad de adaptabilidad a las más variadas materias y situaciones. En este sentido REZZÓNICO afirma que "sería de alguna manera contradictorio afirmar, por una parte, que se está ante una norma abierta siempre posible de colmar con nuevas realidades, y por otra definir el instituto, que se remodela constantemente"[76]. En todo caso, y aun cuando se lograse aislar a la buena fe en un concepto rígido y con un campo de aplicación restringido y limitado, de todas formas surgirá otro u otros conceptos en los que los jueces deberán auxiliarse a fin de dar sentido al principio constitucional de la inexcusabilidad, si se considera que ni el ordenamiento positivo ni las partes jamás podrán regular en forma absoluta las diversas situaciones que se dan en la sociedad o en una relación contractual determinada.

En todo caso, si bien es clara la necesidad de tener un concepto amplio de la buena fe, asimismo ello no puede derivar en una desfiguración del principio, pues con ello éste dejaría de tener toda aplicación práctica, pasando a ser un término carente de todo contenido.

Es por ello que entendemos que la flexibilidad de la buena fe, si bien le permite influir en las más diversas ramas del ordenamiento jurídico, actuando de distinto modo, según la materia de que se trate, y cumpliendo múltiples funciones, a la vez impide realizar una definición omnicomprensiva de lo que la buena fe es. En este sentido, DE LOS MOZOS[77] señala que "la ciencia del Derecho, como ciencia práctica, no necesita, dogmáticamente, de un concepto general de buena fe, porque este principio no es unívoco, sino análogo, presentándose a la técnica interpretativa con significados diversos, tanto en cuanto a su forma (sentido

---

75 LOUSSOUARN, Ivón, *La Buena Fe*, en Tratado de la Buena Fe en el Derecho, Op. Cit., T. II, p. 7.

76 REZZÓNICO, Juan Carlos, *Efecto expansivo de la buena fe*, en La Ley 1991-C, p. 520.

77 DE LOS MOZOS, *Op. Cit.*

jurídico de la utilización de la *fides*) como respecto a su contenido (materia de la referencia natural contenida en la misma), según las aplicaciones que del mismo hace el Derecho Positivo".

Por lo expuesto, la conceptualización de la buena fe no puede establecerse en una definición, sino que estará dada por su asimilación con los valores que encarna y se identifican con ella. Así, debemos entonces quedar satisfechos con intentar dar luces acerca del contenido axiomático del principio, lo que nos permitirá determinar cuando nos encontramos en presencia de buena o mala fe. Por lo demás, intentar una definición que abarque de manera completa a la buena fe, haría perder a ella una de sus principales características, cual es, su adaptabilidad a un sinnúmero de situaciones que se presentan en la vida jurídica[78].

b) Dicho lo anterior, primeramente debemos constatar que sabiamente **la legislación no ha dado una definición genérica de la buena fe**[79], por lo que primeramente será necesario buscar el sentido natural y obvio que en ausencia de un concepto legal todo interprete debe indagar en aplicación del artículo 20 del Código Civil. Al efecto, resulta usual obtener una primera aproximación en el Diccionario de la Lengua Española, que define a la buena fe como "Rectitud, honradez", "Criterio de conducta al que ha de adaptarse el comportamiento honesto de los sujetos de derecho" y agrega que "En las relaciones bilaterales, comportamiento adecuado a las expectativas de la otra parte"; por su parte, sostiene que a buena fe significa "Con ingenuidad y sencillez, sin dolo o malicia"; en fin, el término de buena fe es de acuerdo al mismo Diccionario "Con verdad y sinceridad"[80].

Por su parte, el *Black's Law Dictionary* indica que la buena fe (*good faith*) sería primeramente un "estado de mente" (o si se quiere conciencia) que se relaciona con la honestidad, fidelidad con la obligación asumida, observancia de

---

78 En nuestro medio, han sido pocos los que se han aventurado a construir una definición de la buena fe. Entre ellos, se encuentra Medida Pérez, quien en su obra ya citada señala: "Podemos definir la Buena Fe diciendo que es la conciencia, reglamentada por la ley, de haber actuado honesta y lealmente en el ejercicio de la capacidad jurídica, observando todas las condiciones exigidas por la naturaleza del derecho o de la obligación o requeridas para el perfeccionamiento de una situación jurídica determinada". No compartimos esta definición, pues limita a la buena fe a una serie de reglamentaciones legales, reduciendo su contenido ontológico.

79 Más adelante se analizará la definición específica de buena fe que realiza el artículo 706 del Código Civil.

80 Real Academia Española, *Diccionario de la Lengua Española*, Vigésima Segunda Edición, T. I, 2001, p. 1045. Voz: "fe".

los estándares comerciales razonables de la negociación limpia y la ausencia del intento de defraudar. La misma publicación indica que el término buena fe es usado en múltiples contextos, y su concepto variará conforme al contexto en que se emplea. Así, la buena fe en la ejecución de obligaciones enfatiza la fidelidad al propósito común acordado y la consistencia con las expectativas justificadas de la otra parte, excluyendo los varios tipos de conductas que envuelven mala fe porque violan los estándares de decencia, justicia o razonabilidad.[81]

Teniendo en cuenta lo anterior, y considerando las múltiples funciones jurídicas que la buena fe cumple y que el ordenamiento jurídico reconoce, es posible concluir que la misma se encuentra íntimamente asociada a una serie de valores que de una u otra forma establecen el estándar del principio, a saber: honradez, corrección, rectitud, veracidad, confianza legítima, coherencia y racionalidad.

c) Adentrándonos un poco más en la materia, cabe indicar que en nuestros días parece haberse superado la vieja disputa entre aquellos que le otorgaban un contenido psicológico a la buena fe, y los otros que hacían prevalecer un contenido ético, prevaleciendo hoy en día la segunda posición. Resumamos en un par de líneas esta discusión.

Según la **concepción psicológica**, encabezada entre otros por WACHTER[82], la buena fe es un hecho psicológico consistente siempre en una opinión, basada en una creencia errónea, sea de la naturaleza que fuere. De esta manera, la buena fe consistiría en un simple error, valorado jurídicamente a favor del sujeto, sin tener en cuenta su valoración ética y, por lo tanto, con independencia de que el error sea o no excusable. En resumen, para esta concepción se encuentra de buena fe quien ignora el carácter ilícito de su acto o la contravención del ordenamiento jurídico que con el acto se lleva a cabo. La buena fe sería siempre una creencia o una ignorancia.

Según la **teoría ética**, encabezada por BONFANTE, se considera a la buena fe ya no como un puro estado psicológico, sino que se trataría de un estado ético. Esta concepción es más exigente, pues el sujeto que opera en virtud de un error

81 En particular, el citado diccionario indica: *"**good faith**, n. A state of mind consisting in (1) honesty in belief or purpose, (2) faithfulness to one's duty or obligation, (3) observance of reasonable commercial standars of fair dealing in a given trade or business, or (4) absence of intent to defraud or to seek unconscionable adventage"* (CAMPBELL BLACK, Henry, *Black's Law Dictionary*, Seventh Edition, West Group, Minnesota, 1999, p. 701).

82 WACHTER, *Die bona fides insbesondere bei der Ersitzung des Eigentums*, Leipzig, 1871, citado por DE LOS MOZOS, *Op. Cit.*

o de una situación de ignorancia no es merecedor de la protección o de la exoneración de la sanción que se otorga al de buena fe, si su comportamiento no es valorado como el más adecuado conforme a la diligencia socialmente exigible. Por eso deberá investigarse si el sujeto fue o no culpable de su error o de su ignorancia.

Como señala DIEZ-PICAZO[83], la diferencia entre una y otra concepción es notable. En la concepción psicológica todo tipo de ignorancia o error, cualquiera que fuere la causa que lo motivó, puede servir para fundar la buena fe. En cambio, según la concepción ética, sólo se encontrará de buena fe quien sufre de un error o de una ignorancia no culpable o excusable. SAAVEDRA[84], citando a WINDSCHEID, señala que puede definirse a la buena fe sólo con dos palabras, combinando los elementos sicológicos y éticos: honesta convicción. La honestidad es necesariamente una categoría ética; la convicción admite otras motivaciones fruto de la voluntad, de las creencias o de los sentimientos.

A nuestro entender, nuestro Código Civil recogió la denominada concepción ética de la buena fe, al definir en su artículo 706 este concepto en materia posesoria del siguiente modo: "La buena fe es la conciencia de haberse adquirido el dominio de la cosa por medios legítimos, exentos de fraude y de todo otro vicio. Así en los títulos translaticios de dominio la buena fe supone la persuasión de haberse recibido la cosa de quien tenía la facultad de enajenarla, y de no haber habido fraude ni otro vicio en el acto o contrato. Un justo error en materia de hecho no se opone a la buena fe. Pero el error en materia de derecho constituye una presunción de mala fe, que no admite prueba en contrario".

Así, para el Código la buena fe no es una mera ignorancia, sino que es una "conciencia", esto es un conocimiento e incluso una convicción de licitud, que en materia posesoria se traduce en entender y estar persuadido de que se adquirió el dominio por medios legítimos, exentos de fraude y de todo otro vicio[85]. Asimismo, resulta evidente que no cualquier error es suficiente para dar lugar a la buena fe,

---

83 DIEZ-PICAZO, Luis, en el prólogo del libro de WIEACKER, *Op. Cit.*, p. 14.

84 SAAVEDRA, Francisco Javier, *El principio general de la buena fe*, en Instituciones modernas de Derecho Civil. Homenaje a profesor Fernando Fueyo Laneri, Editorial Jurídica Cono Sur, Santiago de Chile, 1996, pp. 357 y ss.

85 Analizando el artículo 706, la materia, la doctrina nacional ha sostenido que "La creencia que importa la buena fe debe ser firme; el que duda de la legitimidad de la adquisición, posee de mala fe. Traslucen claramente esta idea las palabras que usa la ley: 'conciencia', 'persuasión'; implican ambas un convencimiento y no una aprensión o un juicio vacilante" (ALESSANDRI RODRÍGUEZ, Arturo; SOMARRIVA U., Manuel y VODANOVIC H., Antonio, *Tratado de los Derechos Reales*, Tomo I, Editorial Jurídica de Chile, Sexta Edición, 2001, p. 383).

sino que al igual que en la concepción ética, este debe ser "justo", o si se quiere, excusable[86].

En suma, podemos afirmar que la buena fe tiene un eminente contenido ético, que implica investigar y valorar las distintas circunstancias por las cuales un sujeto actúa. Adelantamos que este contenido ético se encuentra presente en los distintos aspectos de la buena fe, tanto subjetivo como objetivo.

d) Si bien la doctrina moderna se encuentra conteste en cuanto al **contenido ético de la buena fe**, cabe preguntarse cuál es la ética que el Derecho tiene en consideración para valorar a la buena fe. WIEACKER[87] estima que no se trataría de una ética material-normativa, de validez universal y de carácter atemporal, sino que se trataría de una ética práctica; se trataría de una ética eminentemente jurídica, pues son los juristas los únicos intérpretes capaces de determinarla. Por su parte, FERREIRA RUBIO[88] estima que hay que remitirse a las estimaciones de la sociedad en su conjunto, pues el Derecho no está dirigido a los juristas, sino a todos los miembros de la sociedad.

Finalmente, BETTI[89] –a quien en esta y otras materias seguimos– estima que cuando la legislación, en sus diversas normas, hace una referencia a la buena fe, se refiere a un concepto y a un criterio valorativo que no está forjado por el Derecho, sino que el Derecho lo asume y recibe de la conciencia social, de la conciencia ética de la sociedad. La buena fe es un concepto anterior al Derecho, y el Derecho está llamado a integrarlo a su ordenamiento y a determinar las consecuencias prácticas que se derivan de su aplicación.

La buena fe, considerada de esta manera, se nos presenta como una **necesidad de carácter ético-social**, que el ordenamiento jurídico debe considerar a la hora de valorar si una determinada conducta es o no contraria a Derecho. En esta línea de pensamiento se encuentra LARENZ[90], quien señala que todo orden jurídico debe necesariamente fundarse en un elemento ético-social, y este elemento es, en el

86 Don Luis CLARO SOLAR afirma que "Según la ley, 'un justo error en materia de hecho no se opone a la buena fe"; no cualquier error, sino aquel que una persona prudente y que presta a sus negocios el cuidado ordinario y mediano de un buen padre de familia, no está libre de incurrir" (CLARO SOLAR, Luis, *Explicaciones de Derecho Civil Chileno y Comparado*, Tomo VII, Imprenta Cervantes, 1932, p. 493).

87 WIEACKER, *Op. Cit.*

88 FERREIRA RUBIO, *Op. Cit.*, p. 131.

89 BETTI, *Op. Cit.*

90 LARENZ, *Op. Cit.*, p. 58.

Código Civil, el principio de la buena fe. Agrega que "una sociedad en la que cada uno desconfiara del otro se asemejaría a un estado de guerra latente entre todos, y en lugar de paz dominaría la discordia. Allí donde se ha perdido la confianza, la comunicación humana está perturbada en lo más profundo. El imperativo de no defraudar la confianza dispensada y exigida halla su expresión en el Código civil en la exigencia de observar la buena fe".

e) Si bien consideramos que la buena fe es un elemento ético-social que no es creado por el Derecho, sino que utilizado por el ordenamiento jurídico para lograr sus fines, estimamos que a su vez el Derecho le da una cierta forma (el contenido es anterior a él), y así, la buena fe pasa a ser, en el campo del Derecho, un concepto ético-social y jurídico que el juez deberá considerar a la hora de determinar si una conducta se ajusta o no a Derecho. Entonces, la buena fe, en el campo del Derecho, pasa ser un **patrón de conducta** que éste exige a todos los miembros de la comunidad jurídica, en cuanto todos ellos, en todas sus actuaciones –ya ejercitando un derecho, ya cumpliendo una obligación– deben comportarse según los dictados que impone la buena fe, esto es, con corrección, lealtad, honradez y rectitud. Quien no ajuste su conducta a la buena fe, recibirá una sanción, como por ejemplo, la imposibilidad de ejercer un derecho subjetivo del cual el sujeto es su legítimo titular. En resumen, el Derecho hace suyo un concepto que es anterior a él, imponiendo un patrón de conducta obligatoria para todos los sujetos en todas sus obligaciones.

f) Ahora, cabe preguntarse **¿qué es actuar de buena fe?** Sabemos que la buena fe se encuentra íntimamente ligada a los valores de lealtad, corrección, honradez, rectitud y justicia. Diez-Picazo[91] señala que se trataría de "una conducta que la conciencia social exige, conforme a un imperativo ético dado". Por su parte, Saavedra[92] indica que "actuar de buena fe implica comportarse conforme lo hace la gente honesta, con lealtad y rectitud. La buena fe impone a las partes, en sus relaciones recíprocas, un deber de honestidad, un obrar con sinceridad".

---

91 Diez-Picazo, Luis, *Fundamentos del Derecho Patrimonial*, Tomos I y II, Editorial Civitas, Madrid, 1999.

92 Saavedra, *Op. Cit.*, p. 357.

§ 3. LA BUENA FE DESDE LA PERSPECTIVA DE LAS DIVERSAS DOCTRINAS RELATIVAS A LOS PRINCIPIOS GENERALES DEL DERECHO

Como ya lo hemos adelantado, la inmensa mayoría –sino la unanimidad– de la doctrina y jurisprudencia estima que la buena fe es un principio general del derecho, y que por lo tanto cumple con las funciones informadora, integradora e interpretativa de todo el ordenamiento jurídico, al igual que todo principio. Pero ahora cabe determinar las vías por las cuales podemos concluir que la buena fe es un principio general del derecho, y para ello, distinguiremos entre las distintas doctrinas que ya hemos revisado acerca de los principios generales del Derecho.

a) Para la posición **iusnaturalista**, la buena fe se nos presenta sin duda alguna como un principio general del derecho, pues parece evidente que los hombres deben conducirse con honradez y lealtad en sus relaciones de comunidad; este es un valor que aparece de manera patente y necesaria para la convivencia, y se nos presenta como una máxima de comportamiento que todo sujeto debe seguir en sus relaciones. Todos estos valores –lealtad, honradez, etcétera– sin duda alguna son anteriores y superiores a toda ley positiva, pues provienen del Derecho natural y de la Ley Natural (son derivaciones de ellos), y de ahí que se pueda aseverar que la buena fe informara a todo el Derecho positivo.

Entonces, según esta doctrina, es evidente que cuando hablamos de buena fe, nos encontramos frente a un principio general del derecho, fácilmente deducible por cualquier miembro de la comunidad social y jurídica. Cabe agregar que todos los autores iusnaturalistas (desde SANTO TOMÁS DE AQUINO a GUILLERMO DE OCKAM) consideraron a la buena fe como uno de los principios fundamentales del derecho, llegando a su apogeo en la época del Derecho Canónico.

En esta línea de pensamiento, FUEYO señala que "si nos atenemos simplemente a la noción de derecho, al deber general de obrar con arreglo a la corrección, a la tutela plena que el ordenamiento jurídico brinda a toda clase de derechos patrimoniales o extrapatrimoniales, a la moral como ciencia y arte de lo bueno y lo malo, y a tantos otros valores de alto nivel, pronto comprenderemos que el principio general de la buena fe está involucrado y penetra el ordenamiento jurídico de cualquier nación [...] en caso alguno haría falta –como cosa de la esencia– una consagración explícita en una norma positiva"[93].

---

93 FUEYO LANERI, *Instituciones...*, pp. 144-145.

b) En una línea de pensamiento similar, podemos asegurar también que la buena fe es un principio general del derecho para la llamada corriente **iusfilosófica** o **culturista**, pues es evidente que la comunidad estima como valioso un comportamiento leal y honrado.

c) Ahora debemos analizar si desde la perspectiva del **positivismo** sería posible concluir que en nuestro ordenamiento jurídico la buena fe es un principio general del derecho. Primeramente, debemos reiterar que nuestro Código Civil no contiene ninguna norma que establezca que la buena fe es un principio general, ni que todo sujeto deba actuar conforme a los dictados de la buena fe, a diferencia de lo que ocurre en cuerpos legales extranjeros, como el suizo o español, en que se le reconoce de manera expresa y positiva en el Título Preliminar. Con todo, ello no implica descartar a la buena fe como principio jurídico, pues como veremos existen numerosas razones de texto que obligan a concluir que la buena fe si es un principio general del derecho.

En efecto, hemos visto que el Código Civil emplea en a lo menos cuarenta y cuatro oportunidades el término buena fe[94] para las más diversas materias, a saber: muerte presunta, matrimonio[95], acciones de filiación, alimentos, modos de adquirir el dominio, posesión, prestaciones mutuas, indignidades para suceder, partición, efectos de los contratos, pago, nulidad, regímenes matrimoniales, compraventa, arrendamiento, sociedad, mandato, pago de lo no debido, fianza, etc. Así, y tan sólo a modo de ejemplo, vemos que el Libro II del Código, después de definir qué se entiende por poseedor de buena fe, le otorga importantes beneficios y protecciones, pues en la medida que a su vez sea poseedor regular, podrá adquirir el dominio

---

94 Ver Anexo I y a Fueyo Laneri, Fernando, *Repertorio del Código Civil*, Tomo I, Ediciones Conosur Ltda., Santiago de Chile, 1986, p. 116.

95 En materia de matrimonio putativo –institución fundada en la buena fe– el hoy derogado artículo 122 del Código Civil se encuentra recogido en el artículo 51 de la Ley N° 19.947 (que estableció la Nueva Ley de Matrimonio Civil) en los siguientes términos: "El matrimonio nulo que ha sido celebrado o ratificado ante el oficial del Registro Civil produce los mismos efectos civiles que el válido respecto del cónyuge que, de buena fe y con justa causa de error, lo contrajo, pero dejará de producir efectos civiles desde que falte la buena fe por parte de ambos cónyuges. Si sólo uno de los cónyuges contrajo matrimonio de buena fe, éste podrá optar entre reclamar la disolución y liquidación del régimen de bienes que hubieren tenido hasta ese momento, o someterse a las reglas generales de la comunidad. Las donaciones o promesas que por causa de matrimonio se hayan hecho por el otro cónyuge al que casó de buena fe, subsistirán no obstante la declaración de la nulidad del matrimonio. Con todo, la nulidad no afectará la filiación ya determinada de los hijos, aunque no haya habido buena fe ni justa causa de error por parte de ninguno de los cónyuges".

por prescripción ordinaria, ejercer acciones posesorias, y conservar en su poder ciertas cosas que de estar de mala fe debería restituir al reivindicante conforme a las reglas de las prestaciones mutuas. Por su parte, en materia de obligaciones, además de ordenar ejecutar todo contrato de acuerdo a la buena fe (artículo 1546); valida ciertos pagos en principio ineficaces (artículos 1575 y 1576). En fin, a lo largo de su articulado el Código Civil protege en forma constante a quienes han obrado de buena fe y fundados en una apariencia justificable, sea en materia de muerte presunta (artículo 94 N° 5), de acciones de filiación (artículo 189), de indignidades para suceder (artículo 976), sociedad conyugal (artículo 1739), arrendamiento (artículo 1916), sociedad (artículo 2058), mandato (artículo 2173), fianza (artículo 2339), etcétera.

De esta rápida revisión aparece de manifiesto que la buena fe cumple múltiples roles en todas las áreas del Código, tanto en materia de familia, bienes, sucesiones y obligaciones, con lo cual podemos concluir que la buena fe es considerada sin duda alguna como un principio general del derecho en nuestra ley positiva.

De este modo, no aparece como necesaria una modificación a nuestro título preliminar, en el sentido de que se exprese que la buena fe es un principio general del derecho. En este sentido, en un reciente Dictamen la Contraloría General de la República indicó que "es del caso recordar que el reconocimiento de la buena fe, como sustento básico de las relaciones jurídicas –de derecho público o privado– constituye la aplicación directa de los principios generales del Derecho, de tal manera que no se requiere de una consagración legal expresa para que se pueda recurrir a él a los efectos que la Administración decida acerca de la forma de proceder en situaciones como las descritas"[96].

Pero, como ya indicamos, una norma de tal carácter sería muy útil para darle mayor dinamismo y estudio al principio, sobre todo por parte de los jueces, que verían en dicha norma un sólido apoyo para condenar todo acto contrario a la buena fe, acogiendo las doctrinas modernas que se basan en ella. Es lo que por ejemplo ha ocurrido con el artículo 1546 del Código Civil, cuya ubicación y redacción han permitido que la buena fe haya sido fundamento de innumerables fallos, muchos de los cuales han estudiado los alcances y entidad del principio.

Finalmente, cabe agregar que varios autores, entre ellos Fueyo, consideran a la buena fe no sólo como un principio general del derecho, sino que además le otorgan una jerarquía superior por sobre otros principios, pues su aplicación abarca a todas las ramas del derecho. En este sentido, el referido autor expresa:

---

96 Dictamen N° 16.238/2007.

"En síntesis, tratándose de la buena fe no sólo estamos frente a un principio general de aplicación amplia o extendida, sino que ante algo con capacidad potencial para introducirse en importantes figuras jurídicas y aportar en ellas un elemento estructural trascendente. Esto confiere, notablemente, fuerza y jerarquía al principio general de la buena fe, colocándolo por encima de otros principios generales y haciéndole merecedor del más alto nivel entre los órdenes jurídicos generales. Por lo mismo, se merece el nombre de principio general superior"[97].

§ 4. CONSECUENCIAS DE SER LA BUENA FE UN PRINCIPIO GENERAL DEL DERECHO: SUS FUNCIONES EN NUESTRO ORDENAMIENTO JURÍDICO

Como lo comprobamos, la buena fe es un principio general del derecho, y como tal va a cumplir en nuestro ordenamiento jurídico todas las funciones que le son propias a los principios, a saber, las funciones informadora, integradora e interpretativa. Pero además, por sus especiales características, la buena fe va a cumplir también una serie de funciones que le son particulares, en atención a su especial configuración y contenido, las que de una u otra forma se encuentran recogidas a lo largo del Código Civil. Al primer grupo de funciones le llamaremos funciones generales, y al segundo grupo le llamaremos funciones particulares.

Sobre la materia cabe advertir, en primer término, que esta clasificación sólo es de carácter didáctico, y no implica que un grupo de funciones sea de mayor importancia que el otro. En segundo lugar, debe indicarse que las funciones que pasamos a enumerar no tienen en lo absoluto un carácter taxativo, sino que todo lo contrario, la buena fe –que como ya expusimos se caracteriza por su flexibilidad y adaptabilidad a múltiples situaciones– puede tener (y de hecho tiene) un sinnúmero de funciones; por ende, a continuación tan sólo expondremos las que aparecen de manera más evidente y que son reconocidas por la generalidad de los autores. Por último, debemos agregar que la buena fe, en el ámbito contractual, cumple una serie de funciones que no expondremos en este apartado, sino que serán analizadas más detalladamente cuando estudiemos la buena fe contractual.

---

97 Fueyo, *Instituciones*..., p. 160.

4.1. Funciones generales de la buena fe

Como adelantamos, la buena fe, al tener la calidad de principio general del derecho, va a cumplir con la triple función que le compete a todo principio, en relación con el ordenamiento jurídico, esto es informarlo, integrarlo e interpretarlo. Veamos.

4.1.1. *Función informadora de la buena fe*

Como ya vimos, todo principio general del Derecho informa y fundamenta a todo el ordenamiento jurídico. En particular, la buena fe, en sus directrices de lealtad, corrección, honradez y probidad, será fundamento e inspiración para toda la legislación. En este sentido, Ferreira Rubio[98] señala que "la buena fe, por su contenido valioso, por su profunda conexión con la realidad de la sociedad, por encarnar las ideas morales básicas respetadas por el grupo, desempeña un papel importantísimo como principio rector de la conducta compartida. Encarnando esta significación actúa respecto al Derecho como principio informador de lo jurídico, en general, y de las normas concretas, en particular". La función informadora de la buena fe queda bien graficada por las múltiples referencias que a ella se hace en todos los Libros del Código Civil para las más diversas materias.

Por otra parte, reiteramos que no es necesario que exista una norma que declare expresamente a la buena fe como principio, y de existir tal norma, nada cambiaría, sino que sólo daría una publicidad positiva al principio; e incluso, si esta norma hipotética llegase a ser derogada, no significaría la derogación de la buena fe como base del ordenamiento jurídico, sino que tan sólo el principio dejaría de tener la publicidad que le daba el ordenamiento positivo[99].

98 Ferreira Rubio, *Op. Cit.*, p. 181.

99 En este mismo sentido se manifiesta González Pérez, agregando que "precisamente por constituir la base misma del ordenamiento, no es concebible una norma legal que la contravenga [a la buena fe]... Una norma legal que contraviniese un principio general, cualquiera que fuera el rango, procedimiento y mayoría con que se hubiese aprobado, quedaría tan sólo en una regla con pretensiones de justicia, que no serían Derecho, sino que arbitrariedad (González Pérez, José, *El principio general de la buena fe en el Derecho administrativo*, Editorial Civitas, Barcelona, 1983, p. 60).

4.1.2. *Función integradora de la buena fe*

La buena fe, como principio general del derecho, también va a actuar en el ámbito de la integración del ordenamiento, siendo fuente formal del Derecho, en los casos en que no exista una norma expresa que de solución a un caso determinado.

De este modo, el juez, obligado en virtud del principio constitucional de inexcusabilidad a pronunciarse siempre acerca de los asuntos que se le presenten aún a falta de ley, se verá en el deber de recurrir al contenido ético de la buena fe, para dar solución al problema. El ejercicio lógico que deberá realizar el juez para determinar si cierta conducta se ajusta o no a la buena fe, consistirá en recurrir a los conceptos de lealtad, honradez y a otros elementos análogos de carácter axiológico. Como veremos más adelante, la función integradora alcanza una de sus máximas expresiones en las relaciones contractuales intersubjetivas, donde existirán múltiples vacíos, tanto en la ley que regula el contrato específico como en la regulación dada por las mismas partes.

Cabe agregar que la buena fe tiene una real fuerza normativa, la que en opinión de Betti[100] se manifestará tanto en un aspecto negativo como positivo. Bajo un aspecto puramente negativo, la buena fe se presenta como una obligación de respeto, de conservación de la esfera de los intereses ajenos. Por su parte, desde una perspectiva positiva, la buena fe impondrá una activa colaboración entre los co-contratantes, encaminada a promover sus intereses. De este segundo aspecto surgirán deberes jurídicos para los sujetos, los cuales son plenamente exigibles por los acreedores de los mismos. De este modo, si existe un deber de comportarse conforme a la buena fe, todo acto en contrario será considerado un ilícito.

4.1.3. *Función interpretativa de la buena fe*

Finalmente, la buena fe, al ser un principio que informa e integra a todo el ordenamiento jurídico, impone la obligación al intérprete de determinar el sentido y alcance de toda norma según los dictámenes axiológicos que se derivan de este principio. Así, la buena fe se nos presenta como una guía insoslayable para el hermeneuta, quien necesariamente deberá recurrir a ella, al momento de cumplir con su función interpretativa que le es propia. Nuevamente citaremos a Ferreira Rubio, quien sobre este punto manifiesta: "Creemos que hay dos grandes grupos de normas en cuya interpretación la buena fe juega un rol importante. En el primer

100 Betti, *Op. Cit.*, pp 71 y ss.

grupo incluiremos aquellas normas que generan derechos o deberes específicos; ya hemos visto que una de las funciones que desempeña la buena fe es la de ser límite de la conducta admisible. El principio de la buena fe actúa en esta función con independencia de su reconocimiento específico por parte de los textos legales. Siendo así, la interpretación de toda norma que genere derechos o deberes en la cabeza de un sujeto, deberá interpretarse conforme a las normas que surgen del principio de la buena fe. En el otro grupo incluiremos aquellas normas que sin establecer derechos o deberes, resultan claramente inspiradas en el principio y por tanto, siendo informadas por éste, requieren su intervención al tiempo de desentrañar su sentido"[101].

Si bien coincidimos con esta autora en cuanto a que este dos grupos de normas son los que con mayor ocurrencia se le presentarán al intérprete y lo obligarán de manera directa a desentrañar el significado y contenido que la buena fe juega en una norma o situación determinada, asimismo estimamos que también cabe interpretar según la buena fe toda norma o situación, aún de manera indirecta, pues como vimos, la buena fe actúa como un principio fundante de todo el ordenamiento jurídico, sólo que en algunos casos se nos presentará de manera más patente y directa que en otros.

En resumen, todo el ordenamiento jurídico deberá ser interpretado a la luz de la buena fe, "lo que significa que toda aplicación de una norma que conduzca a un resultado deshonesto debe ser rechazada"[102].

Terminaremos este apartado citando a Fueyo, quien de forma reiterada se refirió a la función hermenéutica de la buena fe, señalando: "Los valores de corrección, honestidad, lealtad y justicia que orienta e impulsa el principio general de la buena fe, permiten al juez, con flexibilidad, creatividad y sano espíritu, la fijación del genuino sentido que ha de darse a la norma positiva en definitiva"[103]. El mismo autor en su libro "Interpretación y Juez" señala: "El juez aplicará el principio general de la buena fe, hasta alcanzar a integrar la norma positiva de que dispone, o bien creará razonablemente la norma, aun "contra legem" en los casos extremos que el método respectivo admite, aunque sin alzarse con la ley de manera ruda, torpe y arbitraria, porque eso no es ni ha sido jamás creación Judicial de Derecho".[104]

---

101 Ferreira Rubio, *Op. Cit.*, pp. 196-197.

102 Saavedra, *Op. Cit.*, p. 361.

103 Fueyo, *Instituciones...*, p. 161

104 Fueyo, *Interpretación...*, p. 137.

4.2. Funciones particulares de la buena fe

Tal como advertimos más arriba, la buena fe, además de cumplir con las funciones comunes o generales a todo principio jurídico, también opera en el ordenamiento jurídico de múltiples formas. En este apartado tan sólo presentaremos aquellas que nos parecen de mayor interés e importancia desde la perspectiva del derecho civil[105], sin perjuicio que más adelante analizaremos las funciones que la buena fe tiene en el ámbito propiamente contractual.

4.2.1. *La buena fe como límite al ejercicio de los derechos subjetivos*

Una primera función de la buena fe en el derecho privado dice relación con el límite que constituye al ejercicio abusivo de derechos subjetivos, materia más conocida como "abuso del derecho", la cual ha sido tratada extensamente por la doctrina y acogida por la jurisprudencia en prácticamente todas las ramas del Derecho. Sin duda alguna, la teoría del abuso del derecho es un tema que sobrepasa con creces los objetivos de nuestro trabajo; sin embargo, resulta importante referirse a lo menos sintéticamente al tema, pues si bien sobre el mismo existen diversas posturas, todas ellas, de una forma u otra, encuentran el sustento último de esta institución en el principio de la buena fe.

Para iniciar la materia, comencemos por indicar que la doctrina tradicional suele sostener que un derecho subjetivo es una potestad otorgada por el Derecho Objetivo a un determinado sujeto, para realizar una determinada actuación en el ámbito jurídico. Al respecto, en un principio, los autores de carácter más individualista, destacando entre ellos Planiol, sostuvieron que el contenido del derecho era el único límite del mismo, pues de lo contrario se caería en una situación que atentaría a toda lógica, pues no puede ejercerse a la vez un derecho que sea contrario a derecho, pues nada puede ser y no ser a la vez y en el mismo sentido (principio de la no contradicción)[106]. Como es claro, para estos autores no sería posible, desde un punto de vista lógico, hablar de "abuso del derecho".

105 La doctrina y jurisprudencia nacional y extranjera señala que el principio de la buena fe juega un rol fundamental en todas las ramas del ordenamiento jurídico, teniendo una importante incidencia en el derecho laboral, administrativo, penal, procesal, internacional, etc. Pese a la relevancia e interés del tema, el mismo no será desarrollado en este trabajo, pues va mucho más allá de los objetivos del mismo.

106 Planiol, Marcel, *Tratado Práctico de Derecho Civil Francés*, Vol. VI y VII, Buenos Aires, 1945, señalaba: "el derecho cesa donde el abuso comienza y no puede haber un uso abusivo de un derecho cualquiera por la irrefutable razón de que un solo y un mismo acto no puede ser a la vez conforme al derecho y contrario al derecho".

Sin embargo, con posterioridad Josserand, contradiciendo la tesis de Planiol, introduce la teoría del abuso del derecho, postulando que se abusaba de un derecho subjetivo cuando era ejercido contrariando su función social y económica; en otras palabras, el ejercicio abusivo tiene lugar cuando un derecho subjetivo se ejerce en desacuerdo con el derecho objetivo, agregando que para determinar si existe un abuso será necesario indagar en los motivos que han inducido a obrar al titular o el fin que se ha propuesto alcanzar. Por su parte, otros autores, como Ripert y Mazead –seguidos en nuestro medio por Alessandri–, entienden que el abuso del derecho es una culpa cometida en el ejercicio de ese derecho, lo que por ende da lugar a responsabilidad civil.

Sin perjuicio de las múltiples opiniones y posturas que existen sobre la materia, muy buena parte de los autores estima que existirá abuso del derecho, y por lo tanto se limitará el ejercicio del mismo, cuando este sea ejercido de manera desleal, esto es, contrariando a la buena fe y a las buenas costumbres. Así, Ferreira Rubio señala que "la buena fe indica un límite, es decir algo que no debe sobrepasarse, sin provocar consecuencias negativas. Ese margen está representado por el respeto a los demás, por el cumplimiento de las normas que impone la buena fe"[107]. Por su parte, Diez-Picazo señala que "el ejercicio de un derecho subjetivo es contrario a la buena fe no sólo cuando no se utiliza para la finalidad objetiva o función económica o social para la cual ha sido atribuido a su titular, sino también cuando se ejercita de una manera o en unas circunstancias que lo hacen desleal, según las reglas que la conciencia social impone en el tráfico jurídico [...] Los derechos subjetivos han de ejercitarse siempre de buena fe. Más allá de la buena fe el acto es inadmisible y se torna antijurídico"[108]. En nuestro medio, Barros afirma que "la buena fe expresa en el derecho aquel núcleo de sentido que subyace a las normas atributivas de derechos, que se muestra en los límites que la norma no expresa, pero da por supuesto"[109].

Sobre la materia, cabe agregar que en nuestro ordenamiento jurídico encontramos múltiples disposiciones que dan cuenta de las limitaciones en el ejercicio del derecho subjetivo por excelencia, como es la propiedad. En primer término, la Constitución Política establece en su artículo 19 N° 24 que el ejercicio de la propiedad puede encontrar limitaciones que deriven de su "función social", la

---

107 Ferreira Rubio, *Op. Cit.*, p. 230.

108 Diez-Picazo, Luis, *La doctrina de los actos propios. Estudio crítico sobre la jurisprudencia del Tribunal Supremo*, Editorial Bosch, Barcelona, 1963, p. 141.

109 Barros Bourie, Enrique, *Tratado de Responsabilidad Extracontractual*, Editorial Jurídica de Chile, 2006, p. 629.

que conforme a la Carta Fundamental comprende "cuanto exijan los intereses generales de la Nación, la seguridad nacional, la utilidad y la salubridad públicas y la conservación del patrimonio ambiental"[110]. Por su parte, al definir el artículo 582 del Código Civil el derecho de dominio, establece que el mismo habilita a gozar y disponer arbitrariamente de la cosa corporal sobre el que recae, pero "no siendo contra la ley o contra el derecho ajeno". Esta última disposición y los límites por ella impuestos se extienden a todas las cosas incorporales (derechos) en conformidad al artículo 583 del mismo cuerpo legal.

Siendo inconcuso que el ordenamiento positivo reconoce claras limitaciones al ejercicio de los derechos subjetivos, resulta de nuestro interés que en la actualidad el Código Civil establece casos de abuso de derecho precisamente en base a la trasgresión de la buena fe con la cual deben ser ejercidos[111]. Así aparece en los artículos 2110 a 2112, que establecen que en el contrato de sociedad no vale la renuncia que se hace de mala fe o intempestivamente, especificando al efecto que "renuncia de mala fe el socio que lo hace por apropiarse una ganancia que debía pertenecer a la sociedad; en este caso podrán los socios obligarle a partir con ellos las utilidades del negocio, o a soportar exclusivamente las pérdidas, si el negocio tuviere mal éxito. Podrán asimismo excluirle de toda participación en los beneficios sociales y obligarle a soportar su cuota en las pérdidas".

Finalmente, debe destacarse que en la actualidad nuestra jurisprudencia ha dado acogida y aplicación a esta manifestación de la buena fe en controversias de la más diversa índole. Un caso emblemático en la materia tuvo lugar el año 1985 en un recurso de protección deducido en contra de un club de tiro al vuelo por los propietarios de los inmuebles vecinos; en dicha oportunidad, la Corte de Apelaciones de Pedro Aguirre Cerda resolvió que "si hay alguna actividad de suyo legítima, ella se transforma en ilegítima, arbitraria e ilegal si en su ejercicio se afecta un derecho de un tercero conocido y garantizado por la Constitución [...]", agregando que ciertas disposiciones del Código Civil (en particular el hoy

110 Los aspectos constitucionales de la teoría del abuso del derecho se encuentran analizados en Ortúzar Santa María, Álvaro, *El abuso del Derecho ante la Constitución*, en Estudios sobre reformas al Código Civil y Código de Comercio. Tercera Parte. Fundación Fernando Fueyo Laneri, Editorial Jurídica de Chile, Primera Edición, 2003.

111 La mayoría de los autores nacionales indica que el principal caso de abuso de derecho que reconocía el Código Civil se encontraba en el hoy derogado artículo 945 del Código Civil, actualmente recogido en el Código de Aguas, que establecía que "Cualquiera puede cavar en suelo propio pozos para las bebidas y usos domésticos, aunque de ello resulte menoscabarse el agua de que alimente algún otro pozo; pero si de ello no reportare utilidad alguna, o no tanta que pueda compararse con el perjuicio ajeno, será obligado a cegarlo".

derogado artículo 945) "se fundan en el principio inconcuso del abuso del derecho, en virtud del cual una actuación de suyo legítima se transforma en ilegítima si altera o afecta en forma grave el derecho legítimo de un tercero".

Cabe hacer presente que los Tribunales de Alzada en general estiman que el abuso del derecho constituye un ilícito civil que da lugar y se rige por las reglas de la responsabilidad extracontractual. En este sentido, en un reciente fallo del año 2007 se resolvió que "la doctrina del abuso del derecho asume que el ejercicio de un derecho puede ser ilícito, aunque el titular actúe dentro de los límites externos que establece el respectivo ordenamiento normativo y sólo puede ser invocada cuando el comportamiento del titular atenta contra estándares mínimos de conducta", agregando que "en general, la jurisprudencia es constante en someter el ejercicio del derecho a las reglas de la responsabilidad civil y exigir dolo o culpa para que se genere la obligación indemnizatoria" y que "cualquiera que sea el ámbito de aplicación de la doctrina sobre el abuso del derecho, dolo, culpa o negligencia, irracionalidad en su ejercicio, falta de interés o necesidad legítimos, intención del agente en perjudicar, o con desvío de los fines de la institución o para los que fue concebida e incluso, aplicado a procedimientos judiciales, es evidente que, de parte del agente causante del mal, debe existir un ánimo manifiesto de perjudicar o una evidente falta de interés o de necesidad de lo que promueva o un actuar motivado por el afán de causar un perjuicio a su contraparte o co-contratante. Esa intención de perjudicar no sólo debe manifestarse, como es lógico, cuando se actúa en la órbita de la irresponsabilidad extracontractual, sino que también para el caso en que el acto se ejecute excediendo el interés jurídicamente protegido"[112].

4.2.2. *La buena fe como prohibición de contravenir los propios actos*

Una segunda función particular de la buena fe consiste en que la misma impide que la confianza generada por una determinada conducta sea defraudada por un obrar contradictorio, cuestión que ha sido profusamente desarrollada por la doctrina[113] y ampliamente recogida por la jurisprudencia como la teoría de los actos propios, la cual se intentará sintetizar a continuación.

---

112 Corte de Apelaciones de Concepción, 22 de enero de 2008, Causa Rol N° 982-2007.

113 En nuestro medio destaca la obra de EKDAHL ESCOBAR, Maria Fernanda, *La doctrina de los actos propios*, Editorial Jurídica de Chile, 1989.

En general, se observa que en la vida jurídica, los sujetos de derecho suelen adoptar determinadas posiciones o seguir ciertos patrones de conducta en sus diversas relaciones y, en no pocos casos, se percatan que ello le es inconveniente. "Ocurre entonces –señala MAIRAL– que procuran desdecirse, y así quienes habían confiado en el mantenimiento de la posición inicial de su contraparte para adoptar, a su vez sus propias resoluciones, se ven sorprendidos ante el cambio de posición que defrauda sus expectativas y puede, incluso, generarles pérdidas o privarlos de un lucro privado"[114]. Estas situaciones son, por regla general, sancionadas por el ordenamiento jurídico, para así crear una base de confianza y dependencia recíproca que permita el desarrollo sereno del tráfico negocial[115]. Como se indicó, la doctrina jurídica que rige en estas situaciones es la llamada teoría de los actos propios, que se sintetiza en el aforismo latino "venire contra factum proprium non valet".

En relación con esta teoría, ENNECCERUS y NIPPERDEY han manifestado que "a nadie es lícito hacer valer un derecho en contradicción con su conducta anterior, cuando esta conducta, interpretada objetivamente según la ley, las buenas costumbres o la buena fe, justifica la conclusión de que no se hará valer el derecho o cuando el ejercicio es posterior choca contra la ley, las buenas costumbres o la buena fe"[116]. Por su parte, BORDA señala que la teoría de los actos propios constituye una regla de derecho derivada del principio general de la buena fe, que sanciona como inadmisible toda pretensión lícita pero objetivamente contradictoria con respecto a todo comportamiento anterior efectuado por el mismo sujeto"[117]. En nuestro medio, FUEYO afirma que "la doctrina de los actos propios es un principio general del derecho, fundado en la buena fe que impone un deber jurídico de respeto y sometimiento a una situación jurídica creada anteriormente por la conducta del mismo sujeto, evitando así la agresión a interés ajeno y el daño consiguiente"[118].

---

114 MAIRAL, Héctor, *La doctrina de los actos propios y la Administración Pública*, Ediciones Desalma, Buenos Aires, 1994.

115 Cabe advertir que la doctrina es conteste en indicar que no siempre el Derecho puede exigir una coherencia absoluta en todo el actuar de una persona. Así, la ley permite al sujeto desviarse de la línea marcada por su conducta original, como ocurre, por ejemplo, con el artículo 999 del Código Civil, que permite al testador revocar a su arbitrio las disposiciones contenidas en el testamento (salvo algunas que producen efectos propios del Derecho de Familia, como el reconocimiento de un hijo).

116 ENNECCERUS, Ludwig y NIPPERDEY, Hans Carl, *Derecho Civil. Parte General*, T.I, Vol II, pto. 208, p. 482.

117 BORDA, *Op. Cit.*, p. 53.

118 FUEYO, *Instituciones...*, *Op. Cit.*, p. 310.

Con lo ya expuesto, resulta meridianamente claro que de acuerdo a la doctrina el fundamento de la teoría de los actos propios se encuentra en el principio de la buena fe, en cuanto impone a los sujetos de derecho desenvolverse con lealtad y coherencia, sin defraudar la confianza generada en terceros[119].

Con respecto al punto, resulta destacable un ya citado fallo de la Corte de Apelaciones de Concepción, el que después de indicar que los principios jurídicos gozan de un rango superior a las normas precisas del sistema legal, indica: "El principio de la buena fe se dirige decididamente a la conducta del hombre, para controlarla, regularla, morigerarla, valorarla y restringirla, según los casos. Se trata de esa conducta que se ha definido como el comportamiento o proceder de un sujeto frente al mundo exterior, o más ampliamente, el comportamiento general y normal de un individuo que puede ser juzgado y examinado bajo distintos y contrapuestos puntos de vista. La buena fe es un estándar jurídico, un patrón de conducta indicativo de la orientación que el derecho pretende dar al individuo en sus relaciones individuales. Se muestra como la convicción o conciencia de no perjudicar a otro, de no defraudar la ley, en la honesta y leal concertación y cumplimiento de los negocios jurídicos. El principio de la buena fe se encuentra por encima de muchos otros, porque abarca el área completa del derecho privado como del público. Además su jerarquía superior se repite al observarse que varias figuras importantes, como el ejercicio abusivo de los derechos, el fraude a la ley, la causa ilícita, la doctrina de los actos propios, se nutren de un elemento estructural de la buena fe, o, lo que es igual, con la idea contraria de la mala fe, fraude, dolo, engaño, etc., que las figuras nombradas como efecto rechazan. La doctrina de los actos propios es un principio general del derecho fundado en la buena fe, que impone un deber jurídico de respeto y sometimiento a una situación jurídica creada anteriormente por la conducta del mismo sujeto, evitando así la agresión a un interés ajeno y el daño consiguiente"[120].

---

119 En este sentido, Fueyo sostiene que "la doctrina de los actos propios no es más que una de las expresiones del principio general de la buena fe... se caracteriza como una derivación inmediata del principio general de la buena fe que obliga a una conducta leal, honesta, confiable y que encuentra su apoyo natural en la moral" (Fueyo, *Instituciones...*, *Op. Cit.*, p. 308).

120 *Gaceta Jurídica* N° 266, año 2002. Del mismo modo, la Corte de Valparaíso resolvió: "Los actos propios constituyen un principio general de derechos que se funda en la buena fe, que impone un deber jurídico de respeto y sometimiento a una situación jurídica creada anteriormente por la conducta del mismo sujeto, evitando así la agresión a un interés ajeno y el daño consiguiente. A nadie es lícito hacer valer un derecho en contradicción con su anterior conducta, cuando ésta, interpretada objetivamente según la ley, las buenas costumbres o la buena fe, justifica la conclusión de que no se hará valer el derecho, o cuando el ejercicio posterior choque contra la ley, las buenas costumbres o la buena fe" (*RDJ*, T. 93, Secc. 2°, p. 87).

Igualmente destacable es el hecho que la Corte Suprema, en sentencia de fecha 9 de mayo 2001[121], procedió a validar como una auténtica norma *decisoria litis*, la aplicación de la denominada doctrina de los actos propios, admitiendo que ella era controlable a través de la casación, al declarar que aun en el caso de haber existido los errores de derecho denunciados en la casación en el fondo, ellos no han podido influir en lo dispositivo del fallo, "desde que igualmente la demanda habría de ser rechazada por aplicación de la doctrina de los actos propios"[122].

Cabe agregar que en doctrina se ha discutido acerca de si esta doctrina protege a la buena fe depositada en la apariencia jurídica creada por el primer acto o conducta, o bien, si protege la buena fe o confianza en un comportamiento coherente. Al respecto, Borda afirma que "resulta conveniente acudir a la realidad y no a las apariencias", y por ello, siguiendo a Diez-Picazo, funda la sanción a la conducta contradictoria en la necesidad de guardar una conducta coherente, agregando que "cuando una persona ha suscitado en otra, con su conducta, una confianza fundada –conforme a la buena fe– en una determinada conducta futura manteniendo un sentido objetivo deducido en la conducta anterior) no se debe defraudar la confianza citada y resulta inadmisible toda actuación incompatible con ella. Esto es, la confianza no se deposita en una apariencia jurídica sino en la obligatoriedad de comportarse coherentemente"[123].

Si bien en nuestro ordenamiento positivo no existe una regulación particular de los requisitos de procedencia[124] y efectos de la doctrina de los actos propios, coincidimos con Fueyo en el sentido que sí existe una consagración subentendida o tácita, debido a que "existen preceptos legales cuya ratio actúa incontestablemente el principio general de que nadie puede ir contra sus propios actos"[125]. Así ocurre, por ejemplo, con el artículo 1707 del Código Civil, en el sentido de impedir que los declarantes de voluntad no pueden ir contra sus propios actos con la pretensión de alterar, frente a tercero, lo primeramente actuado y que hubiere repercutido en su situación jurídica.

---

121 Excma. Corte Suprema, 9 de mayo de 2001, *RDJ*, t.98, sec. 1ª, pp. 99-100.

122 Romero Seguel, Alejandro, *El recurso de casación en el fondo civil*, Editorial LegalPublishing, 1ª edición, 2013, página 73.

123 Borda, *Op. Cit.*, p. 65.

124 En cuanto a los presupuestos de aplicación de la teoría de los actos propios, Ekdahl manifiesta que se requiere de: (i) una conducta vinculante, de carácter relevante, inequívoca y eficaz; (ii) una pretensión contradictoria; (iii) un perjuicio a un tercero; y (iv) una identidad de partes.

125 Fueyo, *Instituciones…*, *Op. Cit.*, p. 319.

Por último, tan sólo cabe indicar que la doctrina a la que sintéticamente nos hemos referido no sólo tiene aplicación en el campo del Derecho Civil, sino que de igual modo –e incluso con mayor fuerza– en el Derecho Público[126] y en el Derecho Procesal. En relación con éste último, recientemente la Excma. Corte Suprema ha resuelto: "conforme se ha señalado por este Tribunal, a nadie le es lícito hacer valer un derecho civil o procesal en contradicción con su anterior conducta jurídica (sentencia Excma. Corte Suprema rol: 4689.05, 2349-05, 127.05, 3437.04, entre otras). Esta doctrina conocida como de los actos propios, ha sido reconocida en diversas disposiciones de nuestro Código Civil, como los artículos 1683, 1481, 1546 y, en su forma de expresión conocida como buena fe, informa en carácter de principio general todo el referido cuerpo de leyes. Ella permite al sentenciador ponderar la actitud lógica del actor o de su contraparte que puede incidir en la acción misma o en un simple incidente (Raúl Diez Duarte, "El Contrato: Estructura Civil y procesal. Editorial Jurídica Conosur, 1994, pág. 365 y siguientes). Así, se impide jurídicamente el que una persona afirme o niegue la existencia de un hecho determinado, en virtud de haber antes ejecutado un acto, hecho una afirmación o formulado una negativa, en el sentido precisamente opuesto, pues de acuerdo a este principio, nadie puede contradecir lo dicho o hecho por él mismo, con perjuicio de un tercero. De esta manera, los actos propios encuadran el derecho de los litigantes, de forma que no pueden pretender, cuando han reclamado o negado la aplicación de una determinada regla en beneficio propio, puedan aprovechar instrumentalmente la calidad ya negada precedentemente, con perjuicio de los derechos de su contraparte"[127].

4.2.3. *La buena fe como protección del error excusable*

Como señala Von Tuhr, "la protección de la buena fe constituye un caso particularmente importante en que la ley toma en consideración el error"[128]. En particular, la doctrina y jurisprudencia indican que el principio de la buena fe protege a quien actuando con la convicción de que un determinado hecho era lícito, incurre objetivamente en una irregularidad. De este modo, la buena fe pasa a ser una causal de

---

126 En materia de Derecho Público, la doctrina ha distinguido a los actos propios de otras figuras similares, como son el respeto a los derechos adquiridos, la estabilidad del acto administrativo y la teoría del precedente administrativo, todas las cuales tienen una fisonomía y fundamentos propios.

127 C. Suprema, Primera Sala, 29 de abril de 2008, rol. 1960-06.

128 Von Tuhr, Andreas, *Derecho Civil*, Volumen II, Ed. De Palma, Buenos Aires, 1947, p.151.

exclusión de la culpabilidad en un acto formalmente ilícito, exonerando al sujeto de una sanción, o al menos atenuándola.

Pero se debe ser estricto en la aplicación de la buena fe en este sentido, pues no basta una convicción de licitud que se base en cualquier causa (como lo pretendió en su momento WACHTER y la escuela psicológica), sino que el error o ignorancia del agente debe ser excusable, en el sentido de que se incurrió en el ajustando su actuación a los dictámenes de la buena fe, esto es, obrando de forma leal, correcta y sincera. Debe tratarse de una ignorancia o error legítimo. En estos casos, nos encontramos frente a lo que buena parte de la doctrina denomina "buena fe-creencia" (equivalente a la buena fe subjetiva que se analizará más adelante), la cual tiene la facultad de alterar los efectos normales que una situación objetivamente ilícita produce, ya sea liberando de responsabilidad o bien aminorando la sanción.

Un claro ejemplo de esta función lo encontramos en el ya analizado artículo 706 del Código Civil, que después de indicar qué debe entenderse por buena fe, agrega en su inciso tercero que "Un justo error en materia de hecho no se opone a la buena fe". Sin duda, el Código, al emplear la palabra "justo", se refiere a que el error sea justificable o excusable. Otro caso lo encontramos en el artículo 327, que después de establecer que en los juicios de alimentos deben restituirse aquellos dados durante el proceso en el evento que el demandado sea absuelto, pero "cesa este derecho a la restitución, contra el que, de buena fe y con algún fundamento plausible, haya intentado la demanda".

Podría pensarse que esta regla no es absoluta en atención a lo dispuesto en el artículo 1925, que indica que "Si el arrendador por hecho o culpa suya o de sus agentes o dependientes se ha puesto en la imposibilidad de entregar la cosa, el arrendatario tendrá derecho para desistir del contrato, con indemnización de perjuicios", agregando que "Habrá lugar a esta indemnización aun cuando el arrendador haya creído erróneamente y de buena fe, que podía arrendar la cosa". Sin embargo, no vemos una excepción en esta norma, pues primeramente sanciona al arrendatario que no puede entregar "por hecho o culpa suya", y más importante aún, no da lugar a la indemnización en el caso que "la imposibilidad haya sido conocida del arrendatario". Por ende, conforme a esta disposición en el caso que ambas partes se hubiesen encontrado de buena fe, siempre se debe proteger a aquél que ha visto defraudada la confianza depositada en el otro, valor que como hemos visto encarna la buena fe.

4.2.4. *La buena fe como justificación de la apariencia*

Muy ligado con la función anterior, podemos ver que la buena fe actúa en ciertos casos como un principio justificativo de la apariencia, protegiendo a terceros que han adquirido un derecho o celebrado o ejecutado otra conducta, fundados en situación jurídica que no se condecía con la realidad. Al efecto, es posible observar que actualmente las transacciones muestran una gran simplicidad, lo cual, si bien implica "una economía de tiempo y de actividad con lo cual se favorece el cambio de servicios y riquezas"[129], a su vez crea estados ocultos, clandestinos y aparentes, que serían peligrosos para los terceros y para la seguridad del tráfico. En todas estas situaciones de apariencia, la buena fe cumple la vital función de justificar a quien actuó basado en una mera apariencia, dando eficacia a ciertos actos que en realidad –y no en apariencia– deberían ser ineficaces. PEÑAILILLO define la materia como "el principio en virtud del cual quien actúa guiándose por las situaciones que contempla a su alrededor debe ser protegido si posteriormente se pretende que esas situaciones no existen o tienen características distintas a las ostensibles"[130].

Esta función creadora y convalidadora de la buena fe, en cuanto valida actos en principio ineficaces, en el parecer de José Luis DE LOS MOZOS[131] la encontraríamos en la figura jurídica germánica del "Gewere", por el cual se daba protección cuando existía un señorío de hecho que aparentaba ser un derecho real. La generalidad de los tratadistas alemanes, entre ellos ENNECCERUS, KIPP y WOLF, creen que la validación o justificación de los actos aparentes arrancaría de la buena fe de los terceros que han contratado con el titular aparente. MEDINA, siguiendo a estos tratadistas, estima que el principio creador de la buena fe se justificaría, a su vez, por razones de seguridad del tráfico.

Cabe señalar que para que la buena fe pueda cumplir con su función justificativa de la apariencia, debe basarse en ciertos antecedentes o hechos determinados que le de cierta entidad y carácter "real" a dicha apariencia. Así se comprueba al analizar las múltiples normas del Código Civil que se sustentan en esta función, las cuales únicamente protegen a quienes han obrado en desconocimiento del hecho que destruya la apariencia en la que sustentan su actuar. En efecto, a modo de ejemplo puede observarse que los artículos 189, 221, 1337 N° 10 y 1491 sólo amparan a quien adquirió de buena fe un derecho previo a la realización de una

---

129 PLANIOL, Marcel y RIPERT, Georges, *Tratado práctico de Derecho Civil Francés*, Vol. IV, N° 95, Buenos Aires, 1945.

130 PEÑAILILLO, *Las Obligaciones*, *Op. Cit.*, p. 54.

131 DE LOS MOZOS, *Op. Cit.*, pp. 112 y ss.

inscripción o subinscripción; o bien a quien se fundó en otro hecho, como ocurre en los artículos 1739 inciso cuarto y 2058. Asimismo cabe observar que en ciertos casos el Código no sólo exige un obrar de buena fe, sino que adicionalmente que existiese un desembolso económico, como ocurre por ejemplo en el artículo 2303.

Entre los preceptos del Código Civil que reconocen esta función, cabe destacar en primer término el artículo 1576, cuyo inciso segundo establece que "El pago hecho de buena fe a la persona que estaba entonces en posesión del crédito es válido, aunque después aparezca que el crédito no le pertenecía". Es claro que este artículo, inspirado en el artículo 1240 del *Code* y que valida el pago hecho de buena fe al cesionario aparente de un crédito, consagra el efecto liberatorio de la buena fe y sancionan la apariencia aceptándola en toda su integridad.

Un segundo ejemplo lo podemos encontrar en el artículo 2173, relativo al mandato, que establece: "En general, todas las veces que el mandato expira por una causa ignorada por el mandatario, lo que éste haya hecho en ejecución del mandato será válido y dará derecho a terceros de buena fe contra el mandante. Quedará asimismo obligado el mandante, como si subsistiera el mandatario sabedor de la causa que lo haya hecho expirar, hubiere pactado con terceros de buena fe; pero tendrá derecho a que el mandatario o indemnice. Cuando el hecho que ha dado causa a la expiración del mandato hubiere sido notificado al público por periódicos, y en todos los casos en que no pareciere probable la ignorancia del tercero, podrá el juez en su prudencia absolver al mandante". En éste artículo se ve la real potencia jurídica de la buena fe en relación con la apariencia, permitiendo a los terceros hacer valer derechos que, de no mediar el principio, no podrían haber ejercido. Así, por lo demás lo ha entendido nuestra jurisprudencia, que, basándose en este artículo, ha señalado que "en nuestro derecho positivo predomina el criterio jurídico de proteger la buena fe engañada por las apariencias"[132].

Finalmente, con respecto a esta materia cabe agregar que la protección de la buena fe también se ha manifestado, en el campo del Derecho Público, como un importante límite a la invalidación de actos administrativos. Al respecto, existe una abundante jurisprudencia de la Contraloría General de la República, entre la que cabe destacar el Dictamen 17.545/2001, en cuanto expresó que "cabe manifestar que esta Contraloría General –mediante los dictámenes N°s 44.492, de 2000 y 12.266, de 1999, entre otros– ha precisado que el deber de todo Órgano de la Administración de invalidar sus actos administrativos contrarios al principio de juridicidad, encuentra una importante limitación, cuando, en relación

132 *RDJ*, T. 36, Secc. 1°, p. 416.

al acto irregular, se han consolidado, de buena fe, situaciones jurídicas sobre la base de la confianza de los particulares en la Administración, puesto que la seguridad jurídica de tal relación posterior, asentado en esos supuestos, amerita su amparo"[133].

4.2.5. *La buena fe como patrón de conducta exigible*

En el punto 4.2.1 vimos cómo la buena fe opera como un patrón de conducta respecto de una actuación específica: el ejercicio de un derecho subjetivo. Pero como ya hemos visto, el principio en estudio es de carácter general, y por lo tanto opera como patrón a seguir por toda conducta jurídicamente relevante, como lo es no sólo el ejercicio de un derecho, sino también el cumplimiento de una obligación o incluso en el ámbito extracontractual. Así, la buena fe pasa a ser un real estándar de carácter jurídico que indica la orientación que el Derecho pretende dar al individuo en sus relaciones individuales. Cabe advertir que en este caso la buena fe no se limita un pasivo neminem ladere, sino que también será relevante al momento de analizar la conducta activa desarrollada por un sujeto de derecho.

De este modo, quien sobrepase en su actuar los límites impuestos por la buena fe incurrirá en un ilícito, que podrá consistir en un ejercicio abusivo de un derecho, un fraude a la ley, en un enriquecimiento sin causa, en una contradicción con sus actos propios, o en general, se caerá en un ilícito civil. Por el contrario, quien actúa según los estándares de la buena fe se va a ver plenamente amparado por el Derecho. En estos casos, el ordenamiento beneficiará a quien obró de buena fe, flexibilizando normas rigurosas (v. gr. aumentando un determinado plazo o admitiendo como íntegro un pago que en estricto derecho fue parcial) o

133 De modo similar, en el Dictamen 12.272/2002 se indica: "resulta necesario puntualizar que la jurisprudencia de esta Contraloría contenida, entre otros, en los dictámenes N°s 44.492, de 2000, 17.545 y 31.636, ambos de 2001, ha señalado que en razón de los principios de buena fe y de seguridad jurídica, las infracciones al principio de juridicidad no siempre acarrean la nulidad del acto irregular, pues esa sanción no puede afectar a los terceros de buena fe que actuaron con el convencimiento que el acto administrativo en análisis se encontraba ajustado a derecho. En este sentido, útil resulta tener presente que los terceros involucrados se encuentran amparados por la presunción de buena fe consagrada en el artículo 707 del Código Civil, en tanto no se pruebe lo contrario, (Aplica criterio del dictamen N° 12.266, de 1999, entre otros)". Un análisis sobre la evolución de la jurisprudencia administrativa relativa a esta materia lo realiza BOETTIGER PHILIPPS, Camila, *El principio de la buena fe en la jurisprudencia de la Contraloría General de la República en materia urbanística*, en Revista Actualidad Jurídica N° 19, Tomo I, pp. 309 y ss., enero 2009, Facultad de Derecho de la Universidad del Desarrollo.

derechamente premiándolo (como ocurre con el beneficio de competencia establecido en el artículo 1626 N° 6 del Código Civil).

Realizando un análisis de la jurisprudencia nacional, CORRAL afirma que "la aplicación del principio de la buena fe supera incluso los marcos del concepto del contrato"[134], e identifica una extensión extracontractual que nuestros tribunales han dado al principio, destacando negocios jurídicos como negociaciones colectivas[135] y tratados internacionales[136], en el ejercicio de derechos reales como servidumbres activas[137], en el ejercicio de acciones personales no contractuales[138], en el ejercicio de acciones reales[139] y en el desarrollo de un litigio[140].

§ 5. LA "BUENA FE" Y EL "PRINCIPIO GENERAL DE LA BUENA FE"

Cierta discusión se ha presentado en la doctrina, en cuanto algunos autores creen ver una diferencia entre lo que es la "buena fe" y lo que es el "principio general de la buena fe". A continuación revisaremos ambas posturas.

Entre quienes creen que existe una diferencia conceptual y ontológica entre la buena fe y el principio general de la buena fe se encuentra el español DIEZ-PICAZO[141], quien expresa que "buena fe" a secas es un concepto técnico jurídico que se inserta en una multiplicidad de normas jurídicas para describir o delimitar un supuesto de hecho, como sería el caso del poseedor de buena fe en relación con las prestaciones mutuas que regulan los artículos 904 y siguientes del Código Civil. De este modo, "la idea de buena fe, por sí sola, no pasa de ser otra cosa que un concepto técnico acuñado por los técnicos del derecho y utilizado como elemento de descripción

134 CORRAL TALCIANI, Hernán, *La aplicación jurisprudencial de la buena fe objetiva en el ordenamiento civil chileno*, en Tratado de la Buena Fe en el Derecho, Tomo II, Director Marcos M. Córdoba, Primera Edición, Editorial La Ley, Buenos Aires, 2004, p. 218.

135 *Fallos del Mes* N° 489, p. 1777.

136 *RDJ*, T. 84, sec. 5ª, p. 11. Sobre la materia, es relevante indicar que el artículo 31 de la Convención de Viena establece que "un tratado deberá interpretarse de buena fe conforme al sentido corriente que haya de atribuirle a los términos del Tratado teniendo en cuenta su objeto y fin".

137 C. Suprema, 23 de octubre de 2000, Rol N° 3.635-00.

138 *RDJ*, T. 98, sec. 1ª, p. 99.

139 *RDJ*, T. 31, sec. 1ª, p. 99; T. 93, sec. 2ª, p. 83.

140 *RDJ*, T. 98, sec. 2ª, p. 11.

141 DIEZ-PICAZO, en el prólogo del libro WIEACKER, *Op. Cit.*, pp. 12 y 13.

o de relimitación en diferentes supuestos de hecho formativos". Para este autor, la buena fe implicaría un estándar o un modelo ideal de conducta social.

Según esta doctrina, una cosa diferente sería el "principio general de la buena fe", pues en este caso la buena fe deja de ser un supuesto de hecho de carácter normativo, sino que "engendra una norma jurídica completa", elevándose de este modo al carácter de principio general del derecho que impondría de manera general a todos los miembros de la comunidad jurídica un deber de conducta conforme a los patrones de la buena fe.

Contrario a esta distinción, y por lo tanto entendiendo que "buena fe" y "principio general de la buena fe" son una misma cosa, se encuentra FUEYO[142], quien señala que "hay una sola figura cuyo nombre es la buena fe y que tiene por ideas opuestas la mala fe, el dolo, el engaño, el fraude, la infidelidad, la mala intención, la malicia, la violencia". La diferencia entre uno y otro término se encontraría en el uso que la ley hace de esta figura.

Nosotros estamos por esta última posición, pues creemos en un concepto unitario de la buena fe, que encuentra su raíz en una serie de elementos axiológicos (lealtad, rectitud, etc.) que son comunes a todas las manifestaciones posibles de la buena fe en nuestro ordenamiento jurídico. La diferencia entre uno y otro concepto se encuentra en la forma en que la buena fe –concepto unitario– va a operar en la vida jurídica. De este modo, algunas veces actuará como un presupuesto que la norma impone para producir determinados efectos; en cierta medida, y ocupando la terminología del Derecho Penal, en ciertos casos la buena fe pasará a ser un elemento del tipo civil, como sería el caso del matrimonio putativo o de la posesión regular. En otros casos, esta misma buena fe operará como una fuente integradora de ciertos deberes de conducta, como es el caso del artículo 1546, o bien, en general, impondrá ciertos deberes o patrones de conducta. En resumen, si bien reconocemos que existen diferencias entre la buena fe y el principio general de la buena fe, afirmamos que esta diferencia no radica en el concepto ontológico de la buena fe, sino que se da en el plano de la operatividad del principio.

142 FUEYO, *Instituciones...*, p. 147.

§ 6. BUENA FE OBJETIVA Y SUBJETIVA. CONCEPTO UNITARIO DE BUENA FE

Uno de los temas que mayor debate ha suscitado en la doctrina en torno a la buena fe se refiere a si ésta es un concepto unitario, pero con distintas manifestaciones, o bien se debe hablar de dos aspectos claramente distintos, a saber, un aspecto subjetivo y otro objetivo. Esta disociación que algunos autores realizan de la buena fe al parecer tendría su origen en las distintas concepciones que existen en torno a ella. De este modo, existiría por un lado un aspecto eminentemente subjetivo, con su raíz en la concepción psicológica de la buena fe, y por otro lado existiría un aspecto de carácter objetivo, cuya raíz se encontraría en la concepción ética.

6.1. La buena fe subjetiva

Para el autor nacional López Santa María[143], la buena fe subjetiva sería "la convicción interna o psicológica de encontrarse el sujeto en una situación jurídica regular, aunque objetivamente sea así; aunque haya error". El Derecho ampararía a quien, pese a encontrarse en una situación objetivamente irregular, posee la convicción interna de encontrarse en una situación lícita. La buena fe aparecería así como una noción justificativa del error.

Así, De los Mozos[144] señala que esta buena fe subjetiva se refiere a la correcta situación del sujeto dentro de la relación jurídica, y no al contenido o efectos de la relación misma. Siguiendo a Larroza[145], esta convicción puede versar tanto respecto de una situación propia (como sería el caso del poseedor de una cosa), o bien la convicción puede recaer en una apariencia de otro sujeto (como sería el caso del pago al poseedor aparente del crédito, que hecho de buena fe, libera de responsabilidad al deudor). Todos estos actos (y en muchos otros, tales como el matrimonio putativo), de no mediar la buena fe, serían irregulares o antijurídicos.

Podemos concluir entonces que la buena fe subjetiva es un estado psicológico en el cual un sujeto se encuentra en la firme convicción de que su actuar se encuentra conforme a Derecho, en circunstancias de que objetivamente se encuentra

143 López Santa María, Jorge, *Los Contratos. Parte general*, T. II, 2° Edición, Editorial Jurídica de Chile, Santiago, 1998, p. 392.

144 De Los Mozos, *Op. Cit.*, pp. 57 y ss.

145 Larroza, citado por Saavedra, *Op. Cit.*, p. 364.

en una situación irregular. El Derecho premia a quien actúa con esta convicción, e impide que se apliquen las normas en todo su rigor, y de esta manera justifica el error o ignorancia. Por todas las consideraciones anteriores, esta buena fe deberá ser apreciada in concreto, debiendo el juez averiguar si existía o no realmente esta convicción interna y personal del sujeto.

De forma bastante unánime la doctrina nacional estima que en el Código Civil la principal norma referente a la buena fe subjetiva es el artículo 706, que al referirse a la buena fe como requisito de la posesión regular, establece: "La buena fe es la conciencia de haberse adquirido el dominio de la cosa por medios legítimos, exentos de fraude y de todo otro vicio". En todo caso, también se suelen nombrar múltiples disposiciones que para las más variadas materias se referirían a este aspecto de la buena fe[146].

6.2. La buena fe objetiva

Como contrapartida de la buena fe subjetiva, se encontraría la buena fe objetiva, en la cual se dejaría de lado el aspecto psicológico del sujeto, pasando ahora al campo de las conductas, y por lo tanto, de la ética. De este modo, la buena fe objetiva se nos presenta como una regla de conducta humana que exige dirigir el actuar conforme a una serie de normas que configuran patrones de rectitud y honestidad.

En este mismo sentido, la buena fe se presenta como una norma dispositiva que obliga a conducirse según honradez y lealtad. Saavedra[147] señala que se trataría de la buena fe de quien actúa con el propósito sincero y leal en el campo de las transacciones. De los Mozos[148] señala que la buena fe, en su aspecto objetivo, sirve para suplir, integrar y corregir el contenido del negocio, en función interpretativa; o lo que es lo mismo, la buena fe interviene en la configuración de la norma del negocio jurídico, situándose en el mismo lugar que los usos del tráfico, o la norma dispositiva, constituyendo por ello, en sí misma, norma dispositiva

146 Guzmán Brito enumera las disposiciones del Código Civil –distintas del artículo 706– que a su entender se refieren a la buena fe subjetiva: Otras disposiciones que se citan en este sentido son los artículos 94 N° 5, 646, 669, 702 inciso segundo, 900 inciso cuarto, 906 inciso segundo, 907 inciso tercero, 911, 1267, 1455 inciso segundo, 1490, 1687, 1814 inciso tercero, 1853, 1913 N° 3, 2202 y 2303 (Guzmán Brito, Alejandro, *La buena fe en el Código Civil de Chile*, en Tratado de la Buena Fe en el Derecho, Tomo II, Director Marcos M. Córdoba, Primera Edición, Editorial La Ley, Buenos Aires, 2004, p. 91.

147 Saavedra, *Op. Cit.*, p. 364.

148 De Los Mozos, *Op. Cit.*, pp. 57 y ss.

que se fundamenta en un criterio objetivo de conducta. El mismo autor agrega que en estos casos la buena fe se ubica en un plano igualitario a la ley o al uso ya que adquiere una función normativa, extraña a la voluntad de las partes, lo que la ubica en la precisa noción de objetividad.

Para los autores que sostienen la dualidad de la buena fe, su aspecto objetivo se encontraría en el artículo 1546 de nuestro Código Civil, que obliga a ejecutar el contrato de buena fe, y que será materia de un capítulo especial en este trabajo. Esta buena fe objetiva, según lo visto, deberá ser apreciada in abstracto, "prescindiendo el juez de las persuasiones, creencias o intenciones psicológicas de los contratantes, para puntualizar, él, la conducta socialmente exigible de las partes, exclusivamente en base a la equidad, a los usos, y, en general, como habría dicho Savigny, al espíritu del pueblo o al modelo del hombre razonable"[149].

Quienes sostienen que existe una real diferencia ontológica entre una y otra buena fe, señalan que ambas modalidades difieren en la técnica normativa, tanto en lo que toca a su estructura como por lo que toca a su función. Molleda[150] justifica la distinción entre buena fe subjetiva y objetiva, señalando que la primera aparece de manera personalizada en la norma, esto es, se encuentran referidas a una determinada persona, como situación o estado de ánimo de las mismas. En cambio, la buena fe objetiva no tendría nada que ver con la situación o estado de ánimo de una persona determinada, sino que aparece absolutamente despersonalizada u objetivada, configurándose, junto con el uso y la ley, como fuente de obligaciones contractuales.

6.3. Concepción unitaria de la buena fe

Anteriormente, llegamos a la conclusión de que la buena fe siempre se nos presenta con un carácter ético-social, en todas sus manifestaciones, indicando al efecto las dificultades que traería una concepción puramente psicológica de la buena fe. Por ello, somos de la opinión, tal como muchos otros, que la buena fe tiene un carácter unitario, todas sus manifestaciones encuentran su origen en el mismo principio, y por lo tanto no cabe hacer una división extrema entre buena fe objetiva y subjetiva, ya que ambas tienen la misma naturaleza ontológica. En este sentido, Hernández Gil[151] señala que la buena fe incorpora un significado que le es siempre inherente,

149 López Santa María, *Op. Cit.*, p. 396.

150 Molleda, José Antonio, *La presunción de buena fe*, Revista de Derecho Privado, Madrid, p. 70.

151 Hernández Gil, *Op. Cit.*, p. 561.

del cual la ley puede hacer especificaciones y aplicaciones, pero sin que en ningún caso pueda resultar excluido o negado.

La buena fe siempre incorpora, en todas sus manifestaciones y aplicaciones, una unidad de significación, aunque cambien los presupuestos sobre los que se establezca; y tal como lo señala SAAVEDRA, esta significación es ética y, por lo tanto, valorativa y normativa. Entonces, esta unidad surge del hecho de que la buena fe es siempre un patrón de conducta, ella siempre actúa como pauta de un comportamiento.

Debemos agregar que la concepción dualista de la buena fe acarrea la siguiente confusión: se sostiene que la buena fe subjetiva se aplicaría tan sólo a materias relativas a derechos reales y de familia, y la buena fe objetiva sólo se aplicaría en el derecho de las obligaciones. Esto implicaría necesariamente limitar el actuar de la buena fe, lo que va en contra de su propia naturaleza, pues se trata de un principio general del derecho, que puede cumplir múltiples funciones en todos los campos del Derecho Civil. Además, esta disociación es en nuestro concepto errada y contraria a lo prescrito por nuestro ordenamiento positivo, pues si existen manifestaciones de la supuesta buena fe subjetiva en el campo de las obligaciones (por ejemplo, pensemos en el artículo 1576 del Código Civil, que exige una "buena fe subjetiva" en quien paga, en circunstancias de que el pago es un modo de extinguir las obligaciones.

A mayor abundamiento, cuando se afirma que el ordenamiento jurídico muestra dos modos diferentes de considerar la buena fe, se debe tener presente que en ambos existe la dimensión objetiva, en cuanto se recurre a ella para calificar un comportamiento y hacer depender unos efectos jurídicos de la acomodación o no de dicho comportamiento a lo establecido por o contra la buena fe. La sola mención de la buena fe presupone un juicio valorativo.

Expliquemos lo anteriormente dicho, analizándolo desde el punto de vista del artículo 706, en el cual la mayoría de los autores basan la buena fe subjetiva. Este artículo señala que la buena fe es la conciencia de haberse adquirido el dominio por medios legítimos, exentos de fraude y de todo otro vicio, de lo que se sigue que necesariamente esta buena fe tiene que haberse formado a partir de la conducta del poseedor (en cuanto ésta no debe haber sido ilegítima, fraudulenta ni viciosa), lo que obliga al juez a valorar una conducta y no solamente una "convicción". De este modo, no podrá alegar buena fe quien pretende ignorar un vicio en su posesión si ese estado de conciencia es producto de un actuar negligente y descuidado. Y la razón de esa imposibilidad radica en que no ha actuado de acuerdo a las reglas de diligencias que integran la buena fe objetiva. Por ello, la buena fe subjetiva no es (ni puede llegar a ser) pura creencia (o conciencia, en la terminología del art. 706), sino que es una creencia o conciencia basada en una conducta recta, leal y honesta[152].

Por otra parte, como bien apunta Ferreira Rubio[153], no puede hablarse de que hay una conducta conforme a la buena fe respecto de una conducta o actuar recto y honesto en su mera exterioridad, si esa conducta va acompañada de buena fe subjetiva. La conducta del hombre no es una mera sucesión de actos sin importar el componente intelectual-volitivo. Como señala esta autora, la conducta del hombre en el ámbito jurídico no es exclusiva exterioridad, sino acto. Pensar de otro modo nos llevaría a negar figuras reconocidas unánimemente, tal como el fraude a la ley, en el cual, si bien hay un actuar externo que se apega a la letra de la ley, la intención es vulnerar el espíritu de la misma, obrando de mala fe.

En consecuencia, no existe una buena fe subjetiva sin una conducta conforme a la buena fe, ni la corrección ni la rectitud que exige la buena fe es una formalidad externa, sin contenido alguno. Ferreira Rubio concluye que "La buena fe es una. El principio general de marcado contenido ético origina múltiples corolarios y funciona diversamente. Pero no estamos frente a realidades ontológicamente distintas. No perdamos, pues, en aras de clasificaciones más o menos acertadas, la visión de aquello que tipificamos". En igual sentido se pronuncia en nuestro medio Peñailillo, quien sostiene que "no compartimos la distinción [entre buena fe objetiva y subjetiva] en cuanto pretende formar categorías. La fe es una sola, con sus dos adjetivos mencionados. Lo que suele entenderse por fe objetiva es más bien un método para evaluar la fe del sujeto". El mismo autor agrega, al referirse a la distinción entre "buena fe creencia" y "buena fe comportamiento", que "no parece convincente separar allí dos categorías de fe; se trata de dos fisonomías que adopta en diversas situaciones; más aún, el comportamiento siempre está íntimamente vinculado a la convicción (y hasta deriva de ella)"[154].

---

152 Un análisis semejante realiza Guzmán Brito, Alejandro, *La buena fe en el Código Civil de Chile*, en Revista Chilena de Derecho, Vol. 29 N° 1, 2002, pp. 11-23, Sección Estudios. Este autor, fundado en las raíces romanas del principio y la regulación contenida en el Código Civil, manifiesta que "si, por ende, la buena fe subjetiva, aunque se la haga consistir en una conciencia, depende, en final de cuentas de un paradigma de valoración de la conducta del agente, no hay una diferencia esencial entre ésta y la objetiva, que también supone un paradigma con el cual se valora la conducta contractual".

153 Ferreira, *Op. Cit.*, pp. 96 y ss.

154 Peñailillo, *Las Obligaciones*, *Op. Cit.*, pp. 52-53.

PARTE II

El principio general de la buena fe contractual

CAPÍTULO I

LA BUENA FE CONTRACTUAL EN EL DERECHO ROMANO

En la primera parte de este trabajo ya analizamos la evolución histórica que tenido el principio general de la buena fe hasta nuestros días, y anunciamos que se analizarían los orígenes de la buena fe con respecto a los contratos, las cuales se encuentran el Derecho Romano, cuyo contenido y evolución fue recogido por nuestra codificación civil.

Si bien en el Derecho Romano la buena fe pasa a ocupar un rol preponderante en materias contractuales, en él se distinguían los contratos según si conllevaban o no la obligación de ejecutarlos de buena fe (cuestión que no ocurre en nuestros días). De este modo, por un lado existían los ***stricti juris negotia*** (contratos de estricto derecho), que engendraban obligaciones precisas y taxativamente prefijadas, y por otro lado existían los ***bonae fidei negotia*** (contratos de buena fe), los cuales, al contrario de los anteriores, obligaban no sólo a lo que en ellos se hubiese estipulado expresamente, sino que además engendraban obligaciones indeterminadas cuya fuente era precisamente la buena fe. Como puede verse a primera vista, en los primeros existía un predominio de la certeza y de la seguridad jurídica, mientras que en los segundos la justicia aparece como un factor preponderante a la hora de ejecutar el contrato.

Los contratos ***stricti juris*** o **de derecho estricto** obligaban taxativamente al tenor de lo prometido o pactado. El contenido de estos contratos se haya fija y previamente determinado por la letra de lo pactado, a la cual debían atenerse los contratantes en todo momento, aún cuando llevasen a resultados contrarios a la equidad.

Por su parte, los **contratos de buena fe** obligaban no sólo a aquello que se hubiese prometido de manera expresa, sino que, además, imponen con carácter obligatorio todo aquello que sea exigible entre personas justas y leales. De este modo, una persona que inicialmente se había obligado –de manera literal y expresa– a cumplir con cierta prestación, podía ver ampliada o restringida su obligación, según los dictámenes de la buena fe. Es por esta razón que en estos contratos, a diferencia de los negocios de estricto derecho, la obligación pasa a ser de cierto modo incierta, pues no puede ser tasada de antemano.

Sobre la materia, GUZMÁN afirma que en el derecho clásico la *bona fides* vinculaba a las partes de un contrato no sólo a las obligaciones expresadas en él por aquéllas, sino a más, precisamente a lo exigido por la buena fe, agregando que en el derecho romano clásico, "la concreción de lo 'más' que lo expresado en el contrato a que la buena fe deja obligadas a sus partes quedaba entregado a la libre apreciación del juez (*officium iudicis*)"[155]. El mismo autor advierte que "en el derecho romano, si bien lo exigido por las leyes y los usos entran en el campo de la buena fe, no lo agotan; y aunque las exigencias de la buena fe deben ser equitativas, no todo lo que pide la equidad lo pide la buena fe"[156].

Por su parte, MEDINA PÉREZ[157] señala una serie de derivaciones prácticas que emanan de la naturaleza de los contratos de buena fe:

a) Los *pacta adjecta in continente*, es decir, los pactos accesorios que no integran el contenido esencial del contrato, sino que son cláusulas accidentales que las partes incorporan voluntariamente al momento de la celebración del contrato, serán siempre obligatorios y exigibles cuando figuran en contratos de buena fe, cosa que no ocurre con los *stricti juris negotia*.
b) En un contrato de estricto derecho, si una de las partes, al celebrar el contrato, envuelve a otra en un fraude, el juez no tenía otra posibilidad que fallar a favor del demandante doloso, porque el dolo no invalidaba el negocio, a menos que el pretor insertase en la fórmula la *excepcio doli*. En cambio, en los contratos de buena fe esta excepción se encontraba siempre incluida, obligando al juez a no condenar al demandado sino en aquello que, en tal situación, sea justo y equitativo. De ahí que se señalara *bonae fidei judicilis doli excepcio inest*.
c) Los contratos de buena fe obligan a los contratantes, sin necesidad de pacto expreso, a lo siguiente:
    (i) Mientras que en los contratos de derecho estricto sólo se obliga a abstenerse de actos perjudiciales, es decir, responde sólo de culpa comitiva, en los contratos de buena fe se obliga a desplegar la diligencia necesaria para el cumplimiento del contrato y, tratándose de

155 GUZMÁN, *La buena fe en el Código Civil de Chile*, *Op. Cit.*, pp. 82-83.

156 *Ibídem*, p. 85.

157 MEDINA PÉREZ, *Op. Cit.*, pp. 18-20.

obligaciones que recaigan sobre cosas, a velar por su indemnidad y conservación. Si no se cumple con la diligencia debida deberá reparar los daños producidos a la otra parte.

(ii) Los contratos de buena fe obligan a indemnizar todos los perjuicios causados por incurrir el deudor en mora o por dejar de cumplir los deberes contractuales, ya sea de manera total o parcial. Además, el deudor no responderá sólo del daño emergente ("damnus emergens") sino que también del lucro cesante ("lucrum cesans").

Finalmente, podemos decir que ambas especies negociales se diferencia en otros dos aspectos.

En primer lugar, los contratos de derecho estricto obligan siempre con eficacia unilateral, y por lo tanto se reducen a una sola promesa, dando vida a un solo crédito. En cambio, los de buena fe engendran obligaciones bilaterales y entrañan una reciprocidad obligatoria que les da mayor elasticidad y amplitud, y por lo tanto obligan a ambas partes de manera equivalente, existiendo por ende dos créditos.

En segundo lugar, estos contratos se diferencian en cuanto a las acciones que de ellos emanan. Si bien ambos contratos dan lugar a acciones "in personam" (en oposición a las acciones "in rem"), los contratos de derecho estricto dan lugar a acciones "stricti juris", mientras que los contratos de buena fe originan acciones "bonae fidei".

Como podrá observarse a simple vista, en el Derecho moderno, la generalidad de los ordenamientos jurídicos han recogido todas las derivaciones de los bonae fidei negotia, pues hoy en día, todo contrato debe ser ejecutado de buena fe. Este principio se encuentra consagrado en nuestro artículo 1546, a cuyo estudio nos avocaremos en el siguiente capítulo.

CAPÍTULO II

LA BUENA FE CONTRACTUAL EN EL CÓDIGO CIVIL CHILENO

Previo a referirnos al concepto, funciones y entidad que la doctrina otorga a la buena fe contractual, resulta necesario analizar el artículo 1546 del Código Civil, ya que es la disposición que reconoce positivamente el principio, al señalar:

> "*Los contratos deben ejecutarse de buena fe, y por consiguiente obligan no sólo a lo que en ellos se expresa, sino a todas las cosas que emanan precisamente de la naturaleza de la obligación, o que por la ley o la costumbre pertenecen a ella*"[158, 159]

---

158 En el derecho comparado se encuentran disposiciones similares al artículo 1546, en el sentido que consagran el principio de la buena fe en materia contractual:

(a) Art. 1375 del **Código italiano**: "Ejecución de buena fe. El contrato deberá ser ejecutado de acuerdo con la buena fe".

(b) Art. 242 del **Código alemán**: "El deudor está obligado a ejecutar la prestación como exige la buena fe con referencia a los usos del tráfico".

(c) Art. 1258, del **Código español**: "Los contratos… obligan no sólo al cumplimiento de lo expresamente pactado, sino también a todas las consecuencias que, según su naturaleza, sean conformes a la buena fe, al uso y a la ley".

(d) Art. 1291, inciso segundo, del **Código uruguayo**: "Todos (los contratos) deben ejecutarse de buena fe y, por consiguiente obligan no sólo a lo que en ellos se expresa, sino a todas las consecuencias que según su naturaleza sean conformes a la buena fe, al uso y la ley".

(e) Art. 715, del **Código paraguayo**: "Las convenciones hechas en los contratos forman para las partes una regla a la cual deben someterse como una ley misma, y deben ser cumplidas de buena fe. Ellas obligan a lo que esté expresado, y a todas las consecuencias virtualmente comprendidas".

159 Existe cierta similitud entre nuestro artículo 1546 y el artículo 6:102 de los "Principios de Derecho Europeo de los Contratos", el cual, al regular los términos implícitos en el contenido y efectos de los contratos: Junto a cláusulas expresas, un contrato puede contener cláusulas implícitas que derivan de: a) La intención de las partes. b) La naturaleza y el objeto del contrato. c) Y la buena fe.

Si bien desde antiguo la doctrina y jurisprudencia nacional han estimado que este precepto es fundamental en el derecho contractual, tan sólo en las últimas décadas se ha comenzado a realizar un análisis más detallado de la misma y a aplicarse para diversos casos, todo lo cual se revisará a continuación.

§ 1. ORIGEN DE LA NORMA

Don Andrés Bello se inspiró en dos normas del Código Civil francés para crear el actual artículo 1546:

a) Del inciso tercero del artículo 1134, que expresa "las convenciones deben ser ejecutadas de buena fe" (*Elles* [sc. Les conventions] *doivent étre exécutées de bonne foi*)
b) Del artículo 1135, que dispone: "Las convenciones obligan no sólo a lo que en ellas se expresa, sino también a todas las consecuencias que la equidad, la costumbre o la ley atribuyen a la obligación según su naturaleza" ("Les conventions obligent non seulement à ce qui y est exprimé, mais encore à toutes les suites que l'équite, l'usage ou la loi donnent à l'obligation d'aprés sa nature").

Como puede observarse, Bello resumió y fundió estas dos normas francesas para dar vida a nuestro artículo 1546, pero con la diferencia de que elimina de la disposición a la equidad (l'équite). Esta omisión se explicaría, según Dörr, "porque el concepto de equidad resultaba repetitivo en el artículo 1546, ya que si los contratos deben ejecutarse de buena fe no podía, conceptualmente agregarse que, como consecuencia, obligaban a lo que imponía la equidad. Pero no hay duda que el concepto de equidad está implícito en la norma de nuestro Código Civil"[160]. Al parecer, éste era el mismo pensamiento que tenía Bello en sus Instituciones de derecho romano, donde señalaba que "Últimamente se dividen [sc. los contratos] en unilaterales, en que se obliga una sola de las partes y bilaterales, en que se obligan ambas. Aquellos se llaman stricti iuris, y estos bonae fidei: en los primeros nada más se puede pedir que lo que expresamente se ha pactado, y en los segundos se debe además todo aquello que exige la equidad"[161].

160 Dörr, *Op. Cit.*, p. 268.

161 Bello, Andrés, citado por Guzmán Brito, *Op. Cit.*, p.12.

En un análisis comparativo de ambas normas, Guzmán Brito[162] observa que, además de la omisión de la equidad, existen otras dos diferencias. En primer lugar, el *Code* separa la ejecución de buena fe de las convenciones, por un lado (art. 1134 inciso 3°), y el círculo de obligaciones que ellas imponen más allá de lo expresado por sus partes, por otro (art. 1135). El Código Civil chileno, en cambio, consideraría que el círculo de obligaciones de un contrato mayor al de las manifestadas en él, es una consecuencia ("por consiguiente") de la buena fe con que deben ejecutarse. La segunda diferencia que este autor señala radicaría en que el *Code* supone que la equidad, el uso o la ley atribuyen a cada obligación, según su naturaleza, ciertas "cosas" ("*suites*") que el art. 1135 hace también obligatorias para las partes de una convención. En cambio, el Código chileno supone que hay "cosas" que emanan de la naturaleza de la obligación (independientemente de la equidad, el uso o la ley) y que hay "cosas" que según la ley o la costumbre pertenecen a la obligación, "cosas" ambas que el art. 1546 hace vinculantes merced a la buena fe. Finalmente, este autor estima que la zona común de ambas disposiciones se encontraría en el hecho de que ambas "concuerdan en que las partes de una convención o de un contrato no sólo se vinculan u obligan a lo que en ellos se expresa, sino también a algo más, a ciertas "*suites*" o a ciertas "cosas" (aunque no se expresen)".

Si bien nos parece que el análisis de Guzmán es impecable desde el punto de vista terminológico, en nuestro concepto el mismo tiende a reducir en cierta medida la real dimensión del artículo 1546, pues si bien en términos literales el artículo 1546 sólo haría referencia a la función creadora de especiales deberes de conducta, estimamos que la positivización del principio va más allá, pues hace expreso algo que en todo caso era evidente, esto es, impone un real patrón de conducta a los contratantes, lo cual a su vez va a tener múltiples significaciones de carácter práctico.

Por último, cabe señalar que el artículo 1546 no ha sufrido nunca una modificación: desde su aparición en el Primer Proyecto de Código Civil de Chile, como artículo 8 del título XI del libro "De los contratos y obligaciones convencionales", llegó íntegro a nuestra actual legislación civil, permaneciendo inmutable y vigente hasta nuestros días.

162 Guzmán Brito, *Op. Cit.*, p.12.

§ 2. CARACTERES JURÍDICOS DEL ARTÍCULO 1546

2.1. El artículo 1546 es una norma de carácter imperativo

Nuestro Código Civil, en su artículo 1°, define a la ley señalando que "La ley es una declaración de la voluntad soberana que, manifestada en la forma prescrita por la Constitución, manda, prohíbe o permite". Más allá de todas las imperfecciones que pueda tener esta definición, lo cierto es que en ella se clasifican a las leyes en imperativas, prohibitivas y permisivas. Y sin duda alguna, el artículo 1546 encaja dentro del primer grupo, pues manda y ordena hacer algo: ejecutar los contratos según los dictámenes de la buena fe. El mismo tenor literal de la disposición en estudio clarifica su carácter imperativo, al señalar que "los contratos deben ejecutarse de buena fe...".

Esta clasificación tiene importancia para los efectos del incumplimiento de las leyes. Como se sabe, el incumplimiento de una ley prohibitiva conlleva como sanción la nulidad absoluta del acto de acuerdo a los artículos 1461, 1467 y 1682, a menos que la ley señale una sanción diversa, según lo prescrito en el artículo 10 del Código Civil. Sin embargo, una situación diversa se presenta con las normas dispositivas, cuya sanción puede ser de la más diversa índole. En particular, de la lectura del artículo 1546 aparece que el mismo obliga a respetar las cosas que emanan precisamente de la naturaleza de la obligación, o que por la ley o la costumbre pertenecen a ella, y por lo tanto se impide que una o ambas partes puedan alegar no haberse obligado a ello o desconocerlas; es decir, es en esta norma donde encontramos lo que hemos denominado potencialidad jurígena de la buena fe: ésta impone deberes no escritos, y éstos deben ser respetado de igual forma que los expresamente estipulados.

2.2. El artículo 1546 es una norma de orden público[163]

Las leyes de orden público, también llamadas cogentes o necesarias, son aquellas que afectan a ciertas materias de vital importancia para la existencia y subsistencia

163 No debe confundirse la clasificación entre normas de orden público y orden privado, con aquella que distingue entre normas de Derecho Público (que son aquellas que regulan la organización y actividad del Estado y demás entes públicos menores, sus relaciones entre sí o con los particulares, actuando el Estado y dichos entes con poder de imperio) y de Derecho Privado (que rigen las relaciones de particulares entre sí o con el Estado [el Fisco] o demás entes públicos). Bajo esta última clasificación, el artículo 1546 es una norma de

de la sociedad[164]. Estas leyes se imponen sobre la voluntad de los individuos, y por lo tanto son indisponibles e irrenunciables, porque ellas envuelven un predominante interés colectivo y, por ende, es lógico que sean el patrón común y uniforme de todas las relaciones a que a ellas se refieren y que no puedan ser alteradas por la voluntad de las partes. Y, repitiendo lo que ya hemos dicho en un par de oportunidades, la buena fe es una necesidad de carácter ético-social, que el ordenamiento jurídico debe considerar a la hora de estimar si una determinada conducta es o no contraria a Derecho. Así, todo ordenamiento jurídico debe necesariamente fundarse en un elemento ético-social, y este elemento es, en el Código Civil, el principio de la buena fe.

La buena fe representa valores éticos que son vitales para la paz y la justicia en la sociedad, y por ello, la norma que la consagra –el artículo 1546– no puede ser renunciada por persona alguna, cualesquiera que sean las circunstancias de un caso específico[165].

Y lo anterior tiene la mayor importancia, puesto que si el artículo 1546 forma parte del orden público, como lo sostenemos, implica que su contravención está sancionada por el artículo 1682 del Código Civil, atendido que tal acto o contrato adolecerá de objeto o causa ilícita de acuerdo a los artículos 1461 y 1467 del mismo cuerpo legal. Por lo tanto, es anulable por contravenir el orden público todo negocio jurídico en el que se pretenda, por ejemplo, "que las partes no se encuentran obligadas a más de lo escrito" o que "el contrato es de estricto derecho", etcétera.

Derecho Privado. Con todo, esto no implica que el Estado no deba cumplir con los dictámenes de la buena fe. En este sentido se ha indicado que "en el Derecho Público ha de tener aplicación indubitable el principio general de la buena fe. Para empezar, por una razón especial: la Administración ostenta el poder y es relativamente fácil que se exceda en sus atribuciones y en sus actos administrativos, como de hecho ocurre en cualquier tiempo o lugar, cada vez con mayor frecuencia. En tal caso responde civilmente el Estado por los hechos o actos ilícitos de sus agentes, sin que en esto sufran alteración las reglas generales" (Fueyo, *Instituciones...*, *Op. Cit.*, p. 163).

164 En el ámbito del Derecho Internacional Privado, la doctrina ha indicado que el orden público posee una serie de características, entre las que destacan que es un concepto autónomo, independiente de las normas jurídicas; y es esencialmente variable según los países y los tiempos (Villarroel Barrientos, Carlos y Villarroel Barrientos, Gabriel, *Curso de Derecho Internacional privado. Parte General*, Editorial Jurídica de Chile, 2004, pp. 83-85).

165 Larenz, *Op. Cit.*, p. 145, analizando el art. 242 del BGB, que es la norma análoga a nuestro art. 1546 en el ordenamiento jurídico alemán, señala: "El principio del art. 242 es irrenunciable, ya que representa el precepto fundamental de la juridicidad".

De esta manera, y en referencia a los orígenes romanos de la institución de la buena fe contractual, FUEYO afirma que "en el Derecho moderno ya no hay contratos de derecho estricto, por disposición expresa de la ley"[166], y esta situación se da, precisamente, por el carácter irrenunciable del artículo 1546. Con todo, debemos decir que a igual conclusión deberíamos llegar si no existiese esta norma, porque la buena fe, en su calidad de principio general del derecho, informa a todo el ordenamiento jurídico, y su fuerza normativa surge de su propia naturaleza, y no por su positivización.

2.3. EL ARTÍCULO 1546 ES UNA NORMA DE CARÁCTER GENERAL

Con esto queremos señalar que la disposición en análisis se aplica a todo contrato, a todo vínculo jurídico que tenga por objeto una prestación, cualquiera que sea su forma o naturaleza. Por lo tanto, esta norma alcanza, a modo de ejemplo, tanto a las obligaciones positivas como a las negativas; a las obligaciones de dar, hacer o no hacer; a las obligaciones de especie o cuerpo cierto como a las de género; a las obligaciones de objeto y sujeto plural o singular; a las obligaciones civiles como a las naturales (y por lo tanto también regirá a las obligaciones válidas y nulas según lo dispuesto en el artículo 1470 N°s 1 y 3; y además a las prescritas y no prescritas en virtud del numeral 2° del artículo 1470); a las obligaciones principales y a las accesorias; a las obligaciones puras y simples y a las sujetas a modalidad, a los contratos nominados e innominados, etcétera.

Esta generalidad del artículo 1546, que le permite tener aplicación a toda clases de contratos, se sustenta en los siguientes motivos: (i) En primer lugar, por la naturaleza misma de la buena fe que por el hecho de ser un principio general del Derecho, tiene la capacidad de informar a todo el ordenamiento jurídico, y por lo tanto a todas las clases de obligaciones; (ii) En segundo lugar, por la ubicación del artículo 1546, que se encuentra en el Libro IV en su Título XII, llamado "Del efecto de las obligaciones", y la unanimidad de la doctrina estima que es de aplicación general. Además, debemos recordar que este título se encuentra inmediatamente después que el Código, desde el Título III al XI, clasificara a las distintas clases de obligaciones, lo que reafirma el carácter general de este título; (iii) En tercer y último lugar, por el tenor literal del artículo 1546, que habla de "los contratos", sin hacer distinción alguna.

166 FUEYO, *Cumplimiento...*, p. 178.

§ 3. DISTINTAS INTERPRETACIONES DOCTRINALES DEL ARTÍCULO 1546

Si bien la mayoría de los autores hace más de una referencia al artículo 1546, señalando su importancia en nuestro ordenamiento jurídico, no muchos lo han analizado de una manera profunda. En este apartado expondremos y analizaremos las interpretaciones que MEDINA y GUZMÁN le han dado a la norma, quienes como se verá emplean enfoques absolutamente distintos.

3.1. INTERPRETACIÓN DE JOSÉ MEDINA PÉREZ

Este autor, en su memoria de 1950 titulada "La buena fe en la doctrina, la legislación y la jurisprudencia"[167], que nosotros hemos citado en reiteradas oportunidades, da su visión particular del artículo 1546.

Este autor afirma que, por su redacción, que emplea la frase "los contratos deben ejecutarse de buena fe", el artículo 1546 se referiría únicamente a la prestación del deudor y tiende a constreñir a que cumpla íntegramente la obligación, en toda la extensión que impone la buena fe. Llega a esta conclusión por el hecho de que el artículo agrega "y por consiguiente obliga no sólo". Con esto, agrega, el artículo 1546 está indicando, sin duda, que el deudor debe cumplir la obligación en su mayor extensión, y esta mayor extensión el artículo 1546 la hace una consecuencia de la buena fe al decir "por consiguiente".

Continuando con esta lógica, MEDINA cree que, en base a este artículo, no se podría afirmar que la buena fe protege al deudor contra las exigencias impertinentes del acreedor que actuase fundado en pretensiones jurídicas mal o aparentemente fundadas. Y agrega que, en esta parte, el Código exige la buena fe sólo del deudor, apartándose así de los principios romanos en los cuales la buena fe compelía también al acreedor –en los contratos *bonae fidei*– a no exigir un cumplimiento riguroso de la obligación cuando éste cumplimiento, dadas las circunstancias del caso concreto, estaba reñido con los principios de equidad. En fin, concluye que si el acreedor pretende cometer abusos, el deudor no podrá invocar esta disposición, porque ella reglamenta la buena fe solamente con respecto a él; pero podrá acudir a los tribunales para que estos fijen el verdadero alcance del contrato, de conformidad con las reglas de interpretación que el mismo código da y las cuales exigen, en primer lugar, que se esté más a la intención de los contratantes que a lo literal de las palabras (art. 1560).

167 MEDINA, *Op. Cit.*, pp. 79-80.

Sin restar méritos a este autor (cuyo estudio fue sin duda uno de los más acabados en su época), creemos que su interpretación del articulo 1546 es contradictoria y errónea.

A nuestro entender, su interpretación es contradictoria, en primer lugar, porque el autor, un par de párrafos más atrás del citado por nosotros, señala que "la expresión de buena fe empleada por el art. 1546 está tomada e inspirada en la antigua distinción romana entre los contratos *bonae fidei* y los contratos *stricti iuris*"[168], y luego explica cómo este mismo artículo, que supuestamente se tomo e inspiró en el Derecho Romano, se separa de un modo tan radical de su inspiración, que llega a desfigurarla y hacerla carecer de sentido.

En segundo lugar, estimamos que su interpretación es contradictoria en su mismo método hermenéutico, pues, como es fácil evidenciarlo, el autor emplea un método literal extremo, y omite indicar que el artículo parte hablando de "los contratos", y todo contrato, como convención bilateral que es, comprende necesariamente a dos partes: un acreedor y un deudor; así lo señala la discutida definición de contrato que da nuestro Código, cuyo artículo 1438 señala que "contrato o convención es un acto por el cual una parte se obliga para con otra dar, hacer o no hacer alguna cosa". Además, olvida que la "ejecución" de un contrato no corresponde solamente al cumplimiento de la prestación por parte del deudor, sino que comprende además la exigencia, por parte del acreedor, de la satisfacción de su crédito.

Pero principalmente, creemos que su interpretación es errónea por diversos motivos, y primeramente, por su método, que, como ya dijimos, es extremadamente literal, desatendiendo el sentido de la norma, que es lo primero a lo que debemos recurrir, por expresa disposición del artículo 19 del Código Civil[169].

La interpretación, al no buscar el "genuino sentido" (artículo 23 del Código Civil) de la norma, yerra al restringirla sólo a la parte pasiva de la obligación, pues precisamente una de las funciones de esta norma es darle la debida protección al

---

168 Medina, *Op. Cit.*, p. 78.

169 Apoyamos esta afirmación en el hecho de que el artículo 19 expresa: "Cuando el sentido de la ley es claro, no se desatenderá su tenor literal, a pretexto de consultar su espíritu", en circunstancias de que Bello se inspiró, para crear esta norma, en el artículo 13 del Código Civil de Luisiana, que expresaba "When a law is clear and free from all ambiguity…"(cuando una ley es clara y libre de toda ambiguedad), agregándole Bello las palabras "el sentido". Además, el artículo 23 expresa que "la extensión que deba darse a toda ley, se determinará por su genuino sentido". Con todo, debe advertirse que esta forma de ver las reglas de hermenéutica legal del Código no es compartida por toda la doctrina nacional.

deudor que es objeto de la mala fe de su acreedor. No cabe duda alguna que el artículo 1546 se aplica a ambas partes de la relación contractual[170].

Adicionalmente, MEDINA apoya su conclusión –en el sentido de que la norma sólo es aplicable al deudor– en el hecho de que el artículo 1546 señala "y por consiguiente obliga no sólo", olvidando dos cosas. Primero, que la mayoría de los contratos son bilaterales, entendiendo por tales a los que señala el Código en el artículo 1439, que establece que un contrato es "bilateral, cuando las partes contratantes se obligan recíprocamente", a diferencia de los unilaterales, en los cuales "una de las partes se obliga para con otra que no contrae obligación alguna". De este modo, en la generalidad de los contratos ambas partes resultan obligadas. En segundo lugar, se desatiende que en su raíz romana, eran precisamente los contratos bonae fidei los que eran de carácter bilateral, en oposición a los stricti iuris, que eran de carácter unilateral. En relación a lo anterior, cabe indicar que es el propio MEDINA quien en otra parte de su trabajo nos ilustra de esta distinción, donde expresa que otro aspecto de la distinción entre contratos bonae fidei y stricti iuris es que estos últimos obligan siempre con eficacia unilateral, mientras que los bonae fidei engendran obligaciones bilaterales. Por lo demás, esta es la misma conclusión a la que llegó BELLO en sus Instituciones de derecho romano, donde señalaba que "Últimamente se dividen [sc. los contratos] en unilaterales, en que se obliga una sola de las partes y bilaterales, en que se obligan ambas. Aquellos se llaman stricti iuris, y estos bonae fidei…".

3.2. INTERPRETACIÓN DE ALEJANDRO GUZMÁN BRITO

En su artículo "La buena fe en el Código Civil de Chile"[171], GUZMÁN realiza un profundo examen del artículo 1546. Según este autor, esta norma "no define a la buena fe por su consistencia, sino por su efecto: dejar obligadas a las partes a más de lo expresado". Desde ya podemos decir que creemos que este autor sólo limita la funcionalidad de esta norma a su función creadora de especiales deberes de conducta, ampliando el contenido de la prestación, lo que no compartimos, pues estimamos que la disposición en análisis hace mucho más que eso, ya que

---

170 En Alemania el artículo 242 es análogo a nuestro 1546, y señala: "El deudor está obligado a ejecutar la prestación como exige la buena fe con referencia a los usos del tráfico". Pese a lo literal del artículo, que lo hace sólo aplicable al deudor, la doctrina alemana no duda que se aplica tanto a la parte activa como pasiva de la obligación.

171 Publicado –con ciertas diferencias– en la *Revista Chilena de Derecho* y en el *Tratado de la Buena Fe en el Derecho*.

ordena de manera expresa que los contratos deberán ejecutarse de buena fe, lo que implica no sólo que eventualmente pueden nacer nuevas obligaciones, sino que impone a ambas partes un patrón de conducta exigible, que se traducirá en una cooperación en el cumplimiento, intentando, en lo posible satisfacer el interés tenido a la vista por la contraparte, con lo cual la buena fe además servirá para modificar el contenido de la prestación cuando sucedan ciertas circunstancias especiales, e incluso pueda liberarse al deudor en ciertos casos, sin olvidar que todo contrato deberá ser interpretado según la buena fe, tal como expresamente lo ha dicho nuestra jurisprudencia.

Ahora bien, el enfoque con que Guzmán aborda el tema resulta comprensible por dos motivos: primero, por la raíz romana de la norma, que distinguía entre *bonae fidei negotia* y los *stricti iuris*, siendo la característica de los primeros el hecho de que obligaban no sólo a lo expresamente señalado; y segundo, por la redacción de la norma, que, después de señalar que los contratos deben ejecutarse de buena fe, señala "y por consiguiente obligan no sólo", dando la idea de que el efecto expansivo es la única consecuencia de la buena fe contractual, lo cual, como ya dijimos, negamos firmemente.

Después de estas observaciones, veamos el análisis de este destacado autor nacional.

Guzmán busca darle una correcta interpretación al artículo 1546, determinando que significado tiene el que los contratos obliguen también "a todas las cosas que emanan precisamente de la naturaleza de la obligación, o que por la ley o la costumbre pertenecen a ella".

En cuanto a las **cosas que emanan de la naturaleza de la obligación**, este autor estima que no son aquellas que señala el artículo 1444 del Código Civil, que señala: "Se distingue en cada contrato las cosas que son de su esencia, las que son de su naturaleza, y las puramente accidentales [...]; son de la naturaleza de un contrato las que no siendo esenciales en él, se entienden pertenecerle, sin necesidad de cláusula especial...". Ambos artículos tratan cosas distintas, pues mientras el artículo 1444 habla de "cosas de la naturaleza del contrato", el 1546 se refiere a "cosas que emanan de la naturaleza de la obligación". Expresa que de entenderlo de otra manera haría redundante al artículo 1546[172]. Por ello, este autor estima que cuando "el artículo 1546, discurre sobre ciertas cosas que emanan de

172 Podemos agregar como otra diferencia entre ambos artículos el hecho de que las cosas de la naturaleza del art. 1444 son absolutamente disponibles por las partes, en circunstancias de que el art. 1546 es irrenunciable, por ser una norma de orden público, como vimos anteriormente.

la naturaleza de la obligación, no establece una expresión técnica, definida por la ley [a diferencia del art. 1444]. Se trataría simplemente de un giro de lenguaje, que perfectamente pudo ser sustituido por otro, empleado para expresar la idea de que a partir del ser, estructura u organización de cada obligación, puede derivarse algo no declarado, pero que resulta necesario para la total satisfacción de la prestación obligacional de que se trata". Agrega este autor que "será necesario un examen caso a caso de la concreta obligación expresada y de su naturaleza, para determinar si de ella emana otra cosa que deba ser considerada también obligatoria, o bien no haya sido expresada como obligación".

Luego pasa a examinar aquellas **cosas que por la ley pertenecen a la obligación**, señalando primeramente que no deben ser confundidas con las cosas de la esencia de un contrato (artículo 1444), pues esta últimas se encuentran técnicamente definidas como algo perteneciente al contrato, mas no como algo que emana de la obligación. El autor estima que existiría una coincidencia, a lo menos parcial, de las cosas que por la ley pertenecen a la obligación y las cosas que son de su naturaleza (sería una coincidencia parcial porque no todas las cosas que por ley pertenecen a una obligación son de su naturaleza[173]). De este modo, GUZMÁN concluye que las "cosas que por la ley pertenecen a la obligación" es algo del todo superfluo, pues igual vinculan sin recurso a la buena fe, señalando que "el hecho de intervenir la ley tanto en los naturalia [cosas de la naturaleza] cuanto en ciertas cosas que pertenecen a la obligación, resta en definitiva importancia a esta parte del artículo 1546 CCCh. En efecto, si algo está establecido por la ley como "cosa de la naturaleza" de cierto contrato, basta esa ley para fundar la demanda; y si, a su vez, una "cosa" no perteneciente a los naturalia, está fijada también por la ley como perteneciente a una obligación, esta es suficiente para fundar la exigencia de su cumplimiento, aunque no haya sido establecido en el contrato, sin necesidad de recurrir a la buena fe"[174].

173 "Así, por ejemplo, cuando el art. 1548 CC establece que "la obligación de dar contiene la de entregar la cosa…", y crea, por ende, una obligación precisamente de entregar, esta no puede ser considerada como una cosa de la naturaleza del contrato en el sentido del art. 1444, aunque ciertamente sea una cosa que por ley pertenece a la obligación de dar".

174 Según GUZMÁN, esta inclusión en el art. 1546 de las cosas que por la ley pertenecen a la obligación responde a una razón histórica. Señala este autor: "Esta falta de necesidad de recurrir a la buena fe para que lo legalmente establecido vincule (con independencia de si integra los naturalia del contrato o de si es cosa perteneciente a la obligación), deriva en último término del cambio sufrido por la ley moderna en relación con la ley romana. Antes vimos que esta última frecuentemente requería de excepciones expresas para resultar aplicable, a reversa, sin embargo, de los juicios de buena fe, en que se permitía una alegación directa. En los modernos derechos codificados, las leyes no exigen excepciones para resultar invocables y

Nuestra jurisprudencia ha entendido de esta manera esta disposición[175].

Finalmente, el autor se refiera a aquellas cosas que por la costumbre pertenecen a la obligación. Primeramente el autor citado observa que esta norma es de importancia en un sistema como el chileno, que admite sólo la costumbre paeter legem en materia civil, por expreso mandato del artículo 2, que expresa que la costumbre constituye derecho únicamente cuando la ley se remite a ella. Luego expresa que cuando la ley civil indica precisamente que en determinadas hipótesis se aplicará la costumbre (por ejemplo, el artículo 1944, que se remite a la costumbre del país para determinar el período del pago de la renta del arrendamiento, cuando no se hubiese estipulado), en realidad sigue siendo superflua, porque, aún sin el artículo 1546, se aplicaría la costumbre, en virtud del artículo 2.

"Pero cuando en materia civil no hay ley que específicamente remita a una costumbre –lo cual es casi normal–, el capítulo concerniente a ella en el art.

---

aplicables, y, sin embargo, se mantuvo la reserva concerniente a la buena fe, de que las cosas legales no expresadas obligan merced a aquella, como si todavía existiera la regla de que fuera de la buena fe, las leyes no podrían ser aplicadas sino mediante excepciones procesales".

175 Citemos un par de fallos en que se hace alusión a las cosas que por ley pertenecen a la obligación: La Corte de Apelaciones de San Miguel, en una causa laboral de 1995, sentenció: Importa un incumplimiento grave por parte del empleador a las obligaciones que le imponía el contrato de trabajo el hecho de la negativa a permitir que el trabajador accediera al lugar de trabajo y cumpliera su labor, la alteración de la naturaleza de las labores contenidas en detrimento de este, el trato vejatorio a que fue sometido y las demás maniobras de hostigamiento descritas, hechos que significan que el empleador ha infringido su obligación de proporcionar al trabajador la labor convenida, y además la obligación contenida en el artículo 184 del Código del Trabajo, incorporada al contrato de acuerdo al artículo 1546 del Código Civil, en virtud de la que ha debido adoptar todas las medidas necesarias para proteger eficazmente la salud del trabajador de modo que este no resulte afectada ni física ni síquicamente en razón de la actividad laboral. El contenido de esta última obligación, ejecutada de buena fe como deben ser cumplidas las obligaciones contractuales, significa que ha debido abstenerse de crear en forma artificial y voluntaria, las condiciones que determinaron en el demandante el agravamiento de su enfermedad diagnosticada, y dieron origen al cuadro depresivo ansioso de tipo reactivo que presentó, de modo que el empleador resulta responsable de los perjuicios que tal incumplimiento ha ocasionado al trabajador en los términos que señala el artículo 69 de la ley 16744.(Libro de Registro de Sentencias Civiles de la Corte de Apelaciones de San Miguel, 6 de Abril de 1995). Por su parte, la E. Corte Suprema se ha encargado de esclarecer cuales serían, desde una perspectiva temporal, las leyes que se incorporarían al contrato: Es incuestionable que en el contrato de trabajo, como en todo contrato, deben entenderse incorporadas las leyes vigentes al tiempo de su celebración, y que los contratos obligan a todas las cosas que emanan precisamente de la obligación o que por la ley o la costumbre pertenecen a ella. Pero quedan excluidas del ámbito contractual las leyes ulteriores a un contrato de trabajo determinado, al que ya se le ha puesto término. (C. Suprema, RFM, N° 45, agosto, 1962, p. 180).

1546 cobre una relevancia superior. Pues, en efecto, podemos considerar que esa norma opera, en materia obligacional, una remisión genérica y abierta a la costumbre, en cuanto esta efectivamente haga que ciertas "cosas" pertenezcan a una obligación, las cuales "cosas", así, resultan vinculantes merced a la buena fe con que todo contrato debe ejecutarse, y que no vincularían por no haber ley específica que remita a la costumbre. Si es así, como lo es, el campo de aplicación de la costumbre se ensancha considerablemente, y no es menester buscar una remisión específica y concreta a ella para hacerla aplicable en materia obligacional, pues siempre lo es en los términos del art. 1546. Dicho de otra manera, en esa materia, la ley, representada por el citado artículo, siempre se remite a la costumbre".

Por último, Guzmán hace una aclaración que nos parece relevante. Señala que las cosas a que se refiere el artículo 1546 no son necesariamente obligaciones en el sentido técnico de esta palabra, aunque, por cierto, pueden serlo. Estas cosas suelen ser, pues, efectos, nulidades, inoponibilidades, extinciones y también obligaciones.

§ 4. IMPORTANCIA DEL ARTÍCULO 1546

En términos puramente teóricos, no existe ninguna importancia en el hecho de que nuestro Código Civil reconozca en una norma expresa a la buena fe, pues, como principio general del Derecho que es, tiene plena fuerza normativa por sí mismo, sin necesidad de reconocimiento positivo.

Con todo, en términos prácticos, este reconocimiento legal es de gran importancia porque impulsan a las partes a exigir su cumplimiento y al juez a respetarlo. El artículo 1546 ayuda a darle dinamismo al principio y lo hace aun más evidente. En este sentido, Ferreira Rubio, analizando la incorporación del art. 7.1 en el Código Civil español, el cual expresa que los derechos deberán ejercerse de acuerdo a la buena fe, señala: "¿Qué significado ha tenido, pues, la incorporación expresa de la regla, si todos estaban antes de acuerdo en su existencia, en su ámbito de aplicación y en su fuerza imperativa? En nuestra opinión, la expresa mención de la buena fe –o cualquier otro principio general– no suma nada al principio, ni a su potencialidad normativa; pero, sin duda, desde el punto de vista práctico, trae aparejada la posibilidad de recurrir a los textos legales, sin rodeos, ni construcciones, lo cual en un momento marcado de legalismo y reclamo de seguridad jurídica, resulta una forma casi indispensable de dinamizar el proceso de flexibilización del Derecho. Aunque innecesaria, la consagración del principio lo pone de relieve y resulta un punto cómodo de partida para la interpretación"[176].

Esta importancia práctica se ve claramente reflejada en nuestra jurisprudencia, pues nuestros tribunales no han dudado en admitir la función integradora de la buena fe contractual, pues se encuentra de manera expresa en el artículo 1546 ("y por consiguiente obligan no sólo"). Pero existen problemas cuando se trata de admitir la función modificadora, extintiva o interpretativa de la buena fe, que si bien son aceptadas a nivel doctrinal, al no encontrarse contenidas en un artículo de carácter general o particular de manera expresa, los tribunales (y buena parte de la doctrina) duda de ponerlos en práctica ¿Es realmente necesario esta positivización? ¿Debe introducirse en el Código Civil un nuevo título que regule las distintas manifestaciones que pueda llegar a tener la buena fe? A nuestro entender no, porque, por una parte, existe una real imposibilidad de determinar todas y cada una de las manifestaciones y funciones de la buena fe, y, de intentar hacerlo, causaría un efecto contraproducente, el cual sería que los tribunales empezarían a negarse a aplicar la buena fe en los casos no previstos de manera expresa por la legislación, quedando así fuera una infinidad de situaciones que pueden darse en la vida práctica. Sería intentar volver al ideal positivista, que, como se ha encargado de demostrar la historia y la práctica, no es más que una utopía. Además, por otra parte, el artículo 1546 es de carácter amplísimo, por lo que caben en él todas las manifestaciones de la buena fe. Tal vez una solución adecuada para disipar las dudas que surgen para aplicar un principio tan evidente como el de la buena fe sería introducir en nuestro Título Preliminar un artículo similar al existente en los Códigos suizo o español, lo cual le daría un carácter general, que impregnaría a todo el ordenamiento del principio general de la buena fe.

176 Ferreira, *Op. Cit.*, pp. 301-302.

CAPÍTULO III

CONCEPTO Y CONTENIDO DE LA BUENA FE CONTRACTUAL

Analizados los principales aspectos del artículo 1546 del Código Civil en cuanto la consagración positiva de la buena fe contractual, corresponde referirnos al análisis general de este principio y su influencia en al ámbito negocial.

La buena fe, principio de carácter ético-social que como ya vimos alude a los conceptos de lealtad, honradez, fidelidad y rectitud, etc., adquiere, en materia negocial, una de sus manifestaciones más fuertes, pues se nos presenta como un **modelo de conducta** que las partes deben seguir durante toda la vida del negocio, expandiendo su aplicación incluso a las etapas preparatorias o preliminares del contrato y también una vez concluido éste, influyendo a su vez de manera determinante en la interpretación del negocio. En este sentido, SAAVEDRA[177] apunta que la buena fe contractual se refiere a que cada una de las partes se entrega confiadamente a la leal conducta de la otra en el cumplimiento de sus obligaciones, asumiendo que ésta no le engañará. La buena fe surge entonces como un parámetro de conducta que revaloriza y modaliza a las posiciones de las partes, pasando a formar parte del contenido del negocio, con el objeto de evitar que, bajo la apariencia de un respeto a su tenor estricto, se lesione el interés del acreedor a ser satisfecho o del deudor a no sacrificarse más allá de lo razonable.

Los contratantes, desde el momento de iniciar las tratativas de un negocio y durante toda la vida del mismo, depositan una confianza en su contraparte, en el sentido de que esta se comportara de manera fiel, cooperando para que la realización del negocio sea la más conveniente para ambos. La buena fe va a significar precisamente no defraudar dicha confianza o abusar de ella, pues, tal como señala LARENZ[178], esa confianza forma la base indispensable de todas las relaciones

177 SAAVEDRA, *Op. Cit.*, p. 367.

178 LARENZ, *Op. Cit.*, p. 142.

humanas, y en forma especial será base en que se fundará el contrato. De suponerse que esa confianza no encuentra una protección jurídica, haría vivir a todo contratante en un constante estado de paranoia, pues significaría que defraudar esa confianza no acarrearía ninguna consecuencia práctica, lo que a todas luces aparece como indeseable y atentatorio a las reglas mínimas de toda convivencia. Con tanta evidencia aparece este principio en el ámbito contractual, que es posible percibirlo por cualquier persona, sea o no jurista.

Uno de los autores que, según nuestra opinión, mejor ha tratado el tema de la buena fe negocial es el italiano BETTI[179], quien la conceptualiza como un "**deber de cooperación debido en interés ajeno**". Señala que la buena fe va a consistir en una conducta leal caracterizada por el consciente respeto hacia el interés de la contraparte, lo que se traduciría en una actitud activa de cooperación en interés ajeno, en una actitud de fidelidad al vínculo, por el cual una de las partes de la relación obligatoria está pronta a satisfacer la expectativa de prestación de la contraparte. El autor italiano señala que el aspecto característico de la buena fe contractual es que abarca la totalidad del negocio, y no se circunscribe a los actos singulares del mismo; de esta manera, la buena fe contractual se traduce en una actitud de cooperación que es debida por cada parte a la otra, y la buena fe valora esta conducta en su totalidad, en la medida que es más conforme al interés de la otra, el cual de trata de satisfacer con esa misma conducta. La buena fe es esencialmente una actitud de cooperación encaminada a cumplir de modo positivo la expectativa de la otra parte; actitud que tiene como aspectos más destacados la confianza, la fidelidad, el compromiso, la capacidad de sacrificio, la prontitud en ayudar a la otra parte.

Aparece así la buena fe como un **criterio de reciprocidad** que debe ser observado mutuamente por las partes en las relaciones contractuales. JORDANO FRAGA caracteriza esta reciprocidad de la buena fe señalando: "si la buena fe por una parte

---

179 BETTI, *Op. Cit.*, pp. 69 y ss. Es preciso señalar que en su obra, este autor italiano hace un constante paralelo entre lo que debemos entender por "buena fe", comparándola con la "corrección". El autor se vio en la necesidad de realizar este paralelo por la sencilla razón de que en el Código Civil italiano, además de existir el art. 1375, sobre ejecución de buena fe de los contratos, existe otra norma positiva, relativa a la "corrección", que se encuentra en el art. 1175, el cual señala: "El deudor y el acreedor deben comportarse según las reglas de la corrección". BETTI estima que mientras la corrección se concreta normalmente en una conducta esencialmente negativa, la buena fe se traduce en una conducta activa de cooperación. A nuestro entender no es necesario realizar tal paralelo en nuestro medio, principalmente por dos razones: en primer lugar, no existe en nuestro Código Civil una norma similar a la italiana que imponga corrección en los tratos; y, en segundo lugar, porque creemos que la llamada "corrección" forma parte integrante de la buena fe, y no es algo que podamos diferenciar de ella.

ensancha el ámbito de la responsabilidad contractual al servir de base a una serie de deberes accesorios del deudor a favor del acreedor, dirigidos sea a la realización del cumplimiento (deberes integrativo-instrumentales del cumplimiento) sea a la preservación del daño en intereses diversos de aquél de la prestación (deberes de protección); el carácter recíproco de este criterio de conducta se actúa, por una parte, con la existencia de deberes de protección a favor del deudor (también en éste es atendible la exigencia a que del cumplimiento no le resulte daño en un interés suyo, que por definición no será de prestación), y, por otra, por la tutela que la buena fe, como criterio que fija el límite de lo exigible, ofrece al interés específico del deudor en cuanto tal (pues la obligación puede ser sinalagmática, y el deudor simultáneamente acreedor), es decir, de la liberación"[180].

La buena fe, entendida como este modelo de conducta a seguir, adquiere una real fuerza y valor normativo, y esto se deriva, como señala LÓPEZ SANTA MARÍA[181], no sólo por configurar entre los preceptos legales de nuestro ordenamiento jurídico (artículo 1546 Código Civil), sino por autorizar al tribunal para determinar los efectos jurídicos del contrato en discusión, ampliando, precisando o restringiendo el tenor del acto jurídico según las circunstancias, resulta que su aplicación configura una **cuestión de derecho**, por lo que la decisión sería susceptible de ser revisada por la Corte Suprema, por la vía de la casación en el fondo.

Sin embargo, CORRAL bien apunta que en nuestra jurisprudencia "existe una tendencia fuerte para negar la procedencia del para negar la procedencia del recurso, a veces como una afirmación de principio que niega el carácter normativo de la buena fe objetiva: sería una cuestión de hecho el determinar si una actuación respeta o viola el principio de la buena fe; en otras ocasiones por considerar que la sentencia impugnada no ha infringido el art. 1546 del Código Civil toda vez que la

---

180 JORDANO FRAGA, Francisco, *La Responsabilidad Contractual*, Editorial Civitas, Madrid, 1987, p. 143.

181 LÓPEZ SANTA MARÍA, *Op. Cit.*, p. 398. En igual sentido, se ha sostenido más recientemente que "Si la buena fe es por excelencia la norma que da lugar a la creación judicial del Derecho, su aplicación debe, por lo mismo, estar sometida al control de la Corte Suprema. Como el juez, en mayor o menor medida, crea derecho al invocarla, al darle un contenido específico en un caso concreto, sea que exista o no una remisión legislativa al concepto (pero especialmente en este último caso) la CS deberá uniformar la aplicación que se le dé, a fin de evitar que la misma sea un instrumento de discrecionalidad absoluta en manos de cada juez [...] El control de casación se erige así como el último control de aplicación de la buena fe, donde se evaluará si la aplicación específica se conforma con el ordenamiento jurídico vigente" (EYZAGUIRRE BAEZA, Cristóbal y RODRÍGUEZ DIEZ, Javier, *Expansión y límites de la buena fe objetiva - A propósito del "Proyecto de Principios Latinoamericanos de Derecho de los contratos"*, en Revista de Derecho Privado, N° 21, julio de 2013, p. 207).

interpretación que asume es congruente con esa buena fe"[182]. En efecto, la Excma. Corte Suprema ha señalado en un par de oportunidades que es improcedente invocar la infracción del artículo 1546 como motivo de casación en el fondo, pues el decidir sobre las obligaciones que se derivan del contrato sería una cuestión de hecho[183].

Sin perjuicio de lo anterior, cabe indicar que esta conducta deberá ser observada por todos los miembros de la relación contractual. Por lo tanto, la obligación de conducirse de buena fe rige, en primer lugar, respecto del **deudor**, quien deberá cumplir su obligación buscando **satisfacer la legítima expectativa** que tuvo el acreedor al momento de contratar, lo que se traduce en que no deberá cumplir no sólo teniendo a la vista lo expresado en el contrato, sino que buscando satisfacer el espíritu de la prestación.

En segundo lugar, el **acreedor** también tiene la obligación de conducirse según la buena fe, y por lo tanto deberá **ejercer sus derechos según la confianza depositada por la otra parte**, lo cual lo imposibilita de abusar de su crédito en desmedro del deudor, aprovechando circunstancias nocivas que puedan afectar a la parte pasiva de la obligación.

Larenz[184] agrega que esta obligación rige para todos los participantes en la relación jurídica en cuestión, "con el mandato de conducirse como corresponda en general al sentido y finalidad de esta especial vinculación y a una conciencia honrada".

En resumen, podemos apuntar que la buena fe contractual, caracterizada por la especial cooperación y respeto recíproco entre las partes, es un **patrón de conducta que abarca toda la vida de la relación jurídica intersubjetiva, y se impone a todos sus miembros**. Así también lo ha entendido nuestra jurisprudencia, al señalar resolver que "el principio de la buena fe, debe ser aplicado y respetado por las partes en todos los contratos que celebren y en todas sus etapas"[185].

---

182 Corral, *Op. Cit.*, p. 224.

183 Nuestra Corte Suprema ha fallado: "En cuanto el artículo 1546 alude a que los contratos deben ejecutarse de "buena fe ", se está refiriendo a cuestiones de hecho, porque se trata de establecer y deducir el conjunto de obligaciones que pueden ligar a los contratantes y su buena o mala fe, para lo cual es necesario estudiar los hechos establecidos mediante el análisis de la prueba respectiva; por cuyas razones no puede aceptarse esta causal de nulidad" (Sentencia de 8 de enero de 1973, *RDJ*, t. 70, secc. 1°, p. 3). En un fallo de 1987, señaló: "La Buena Fe es una cuestión de hecho, que es resuelta única y de pleno derecho por los Tribunales de la instancia y a cuya resolución debe estar la Corte de Casación" (*GJ* N° 83, 1987, p. 104).

184 Larenz, *Op. Cit.*, p. 148.

185 *RDJ*, T. 48, secc. 3ª, p. 75.

CAPÍTULO IV

FUNCIONES DE LA BUENA FE CONTRACTUAL

Según lo que ya hemos dicho, el principio general de la buena fe adquiere una gran importancia en materia contractual, presentándose como un patrón de conducta que deberá ser seguido durante toda la vida del contrato por todos los que intervienen en él. En este apartado revisaremos las distintas funciones de la buena fe en materia contractual, teniendo siempre en vista que se trata de un principio general del derecho, y que por lo tanto suple, interpreta e informa a toda la relación contractual.

Sobre la materia, desde ya cabe indicar que atendidos los términos del artículo 1546 la doctrina y jurisprudencia nacional es conteste y uniforme en reconocerle a la buena fe una función integradora, no ha ocurrido con otras funciones que la doctrina extranjera le reconoce al principio, como lo son sus funciones correctiva, modificativa y extintiva.

§ 1. LA BUENA FE Y SU FUNCIÓN CREADORA DE ESPECIALES DEBERES DE CONDUCTA (FUNCIÓN INTEGRADORA)

En todo contrato podemos observar que por lo general se dan dos situaciones. En primer lugar, las partes, al momento de celebrar el contrato, intentan fijar su contenido, señalando cuál será la prestación debida y los derechos y obligaciones que de él emanan. Pero las partes, al igual que él legislador, no pueden prever todas las situaciones que es posible que ocurran durante el desenvolvimiento del contrato, creándose lagunas que muchas veces tampoco podrán ser llenadas por el ordenamiento positivo, y por ello será necesario recurrir al principio de la buena fe para suplir tales vacíos.

En segundo lugar, podemos observar que la buena fe no sólo opera supliendo lagunas, sino que también puede crear ciertos deberes especiales de conducta, que deberán ser cumplidos por las partes, y los cuales pueden ser plenamente exigibles[186]. De este modo, el principio de la buena fe se nos presenta como una real fuente de derechos y obligaciones, ampliando el contenido del contrato, pues, tal como ya vimos, la buena fe, en su calidad de principio general del derecho y de acuerdo al sentido y tenor del artículo 1546, tiene una real potencialidad jurígena, esto es, se nos presenta como una norma dispositiva.

En este sentido, Ekdahl[187] señala que la buena fe es fuente especial de deberes de conducta, los cuales poseen una naturaleza variable en atención al tipo de relación de que se trate y son considerados como deberes secundarios o accesorios en cuanto se suman o agregan a aquellos expresamente programados por las partes. No obstante, para los partícipes del contrato la obligatoriedad de unos y otros es la misma, de manera que los sujetos no sólo resultan obligados a aquello que estipulan en los negocios que celebran o a lo que dispone el ordenamiento legal, pues es la propia buena fe la que conlleva a una ampliación del espectro de aquellos deberes negocialmente asumidos por las partes. Fueyo[188], citando una sentencia uruguaya de 1929, sostiene que la voluntad de las partes es la suprema ley, ya así como en la letra de las leyes suele no estar todo el derecho, tampoco en las cláusulas literales de los contratos suele encontrarse expresamente todo lo que quisieron las partes contratantes.

Esta función tiene una pacífica acogida en la jurisprudencia nacional. En efecto, la E. Corte Suprema ha resuelto que "Que previo a la labor de calificación e interpretación del contrato, parece necesaria su integración con los elementos que al tenor de lo dispuesto en el artículo 1546 del Código Civil son comprensivos no sólo de lo que se lee en el contrato, sino todos los elementos que emanan precisamente de la naturaleza de la obligación o que por la ley o la costumbre pertenecen a ella. Esta norma, no obstante encontrase ubicada en el Título XII del

186 En este mismo sentido se expresa Lasarte, Carlos, en "Sobre la integración del contrato. La buena fe en la contratación (en torno a la sentencia del J.S. de 27 de enero de 1977), Revista de Derecho Privado, 1980, p. 73.: "La aplicación del art. 1258 [análogo a nuestro art. 1546] y la función moralizadora de los criterios de integración del contrato no requiere, de forma necesaria, la preexistencia de una laguna contractual, que lleve a inducir la voluntad conjetural o hipotética de las partes, en el sentido de integrar el acuerdo contractual [...] La adecuación entre regla autónoma y ordenamiento jurídico ha de contemplarse, por tanto, como un continium, tanto en el caso de que las partes hayan establecido una regla autónoma incompleta o insuficiente como cuando el acuerdo contractual contradiga, en relación con el contenido del contrato, alguna regla heterónoma de la que no pueden disponer las partes por ser de aplicación imperativa (norma de tal carácter o buena fe)".

187 Ekdahl, *Op. Cit.*

188 Fueyo Laneri, Fernando, *Cumplimiento e incumplimiento de las obligaciones*, Editorial Jurídica de Chile, Santiago, 1990, pp. 176 y ss.

Libro IV del Código Civil, a propósito del efecto de las obligaciones, más parece una norma de integración del contrato, básica de considerar para el proceso interpretativo posterior"[189]. Asimismo se ha fallado que "Los contratos deben ejecutarse de buena fe, sin apego a la letra rigurosa de ellos ni a un derecho estricto. No deben las partes asilarse en la literalidad inflexible para dar menos ni para exigir más, arbitrariamente, al influjo de un interés propio y mezquino; antes bien, ha de dejarse expresar al contrato ampliamente su contenido. Tampoco debe dejarse de atender a factores extraliterales que pudieran fundarse en la naturaleza del pacto, en la costumbre o en la ley"[190].

Más recientemente, y en plena línea con lo anterior, la Corte Suprema ha resuelto: "Que, de esta manera, ha de entenderse que el citado artículo 1546 contempla una verdadera norma de integración de los contratos, pues según ella, estos últimos dictan más allá de su letra "todos los elementos que emanan precisamente de la naturaleza de la obligación o que por la ley o la costumbre pertenecen a ella. Esta norma, no obstante encontrarse ubicada en el Título XII del Libro IV del Código Civil, a propósito del efecto de las obligaciones, más parece una norma de integración del contrato, básica de considerar para el proceso interpretativo posterior" (Corte Suprema, sentencia de 11 de mayo de 1992, R.D.J., T. 89, secc. 1ª, pág. 46); [...] Que, consecuencialmente, una interpretación del contrato habido entre las partes en la situación sub judice, acorde con la buena fe a que se ha hecho alusión, nos conduce indefectiblemente a la conclusión que su cumplimiento debe verificarse en términos tales que los defectos de construcción, no atribuibles por supuesto a quien demanda, deben estar ausentes. Ergo, al

---

189 *RDJ*, T. 89, secc. 1°, p. 46. En casos particulares, los tribunales han especificado como se manifiesta esta función integradora. Así, por ejemplo, se ha resuelto que "Como los contratos deben cumplirse de buena fe y obligan, a más de lo que expresan, a cuanto emana precisamente de la naturaleza de la obligación, el vendedor debe hacer entrega material de lo vendido para que el comprador pueda ejercitar los derechos que le confiere el contrato para entrar en el uso y goce de la cosa, que es la más importante finalidad de la compraventa. De otro modo el comprador se limitaría a tener una facultad platónica e ideal, como sería la derivada de la inscripción del título, o adquiriría algo que lo habilitaría sólo para afrontar las consecuencias de un litigio, no obstante no haber comprado derechos litigiosos". (C. Suprema, 16 de marzo de 1929, G. 1929, 1° semestre, N° 13, p.114. RDJ, T. 27, secc. 1°, p. 190). Asimismo se ha fallado que "El nombre de un establecimiento comercial y la clientela formada en él constituyen una parte muy considerable de su valor e importancia. Por este motivo, cuando se transfiere por medio de algún contrato oneroso, sin la restricción expresa de no poder continuar usando el mismo nombre, debe entenderse que entra también en el contrato el derecho de usarlo" (C. Santiago, 16 de junio de 1875, G. 1875, N° 1283, p. 575).

190 *RDJ*, T. 85, secc. 2°, p. 9.

constatarse la existencia de tales anomalías, se tendrá por incumplida la obligación del encargado de la obra, consistente en hacer entrega de la misma, correspondiéndole, por consiguiente indemnizar los perjuicios que tal incumplimiento han podido provocar"[191].

Con lo expuesto, se concluye que la buena fe pasa a integrar el contrato, creando ciertos deberes de conducta que son plenamente exigibles por amabas partes del contrato. Estos deberes encuentran su fundamento en el hecho de que cada una de las partes, sea acreedora o deudora, tiene la obligación de cooperar para lograr que se satisfaga el interés contenido en el contrato. Así, Enneccerus[192] señala que cada una de las partes, en el desarrollo de sus relaciones contractuales, ha de tener en cuenta el interés, por ella conocido, de la otra parte, y ajustar su conducta de manera de evitar un menoscabo para la otra; de lo contrario, si viola este deber contractual, se hace responsable de indemnización. Los deberes que nacen de la buena fe tienen una existencia propia y accesoria, y su contenido generalmente va a decir relación con los valores de lealtad y rectitud que impone la buena fe. En esta línea de pensamiento, el ya citado Betti, estima que la buena fe, desde el punto de vista del deudor, "lleva a imponer a quien debe la prestación a hacer todo cuanto sea necesario –se haya dicho o no– para asegurar a la otra parte el resultado útil de la misma"[193]. De este modo, "la buena fe, en cuanto integradora de la obligación textualmente asumida con el contrato, impone al deudor el hacer no sólo aquello que ha prometido, sino todo aquello que es necesario para hacer llegar a la contraparte el pleno resultado útil de la prestación debida"[194].

Pero estos deberes nacidos de la buena fe también se manifiestan en la parte activa de la obligación, en el sentido que deberá ejercer su derecho de manera leal y correcta, cooperando con el deudor, para que éste pueda cumplir con la obligación de la manera que le sea menos perjudicial posible.

Vemos ciertos ejemplos dados por Enneccerus[195] acerca de este punto. El que promete un prestación positiva, por ejemplo, la entrega de un caballo pare el primer día del mes próximo, no debe únicamente ejecutar toda actividad que procure inmediatamente al acreedor la cosa debida, o sea, la entrega, sino que

---

191 Corte Suprema, 29 de mayo de 2014, publicado en *Gaceta Jurídica* 407, 133, N° 407.

192 Enneccerus, Ludwing, *Derecho de Obligaciones*, T. II, vol. I, Editorial Bosch, Barcelona, 1951, p. 18.

193 Betti, *Op. Cit.*, p. 103.

194 Betti, *Op. Cit.*, p. 104.

195 Enneccerus, *Op. Cit.*, p.18.

además debe omitir todo aquello que pudiere frustrar o poner en peligro el fin de la obligación, como por ejemplo, hacer trabajar excesivamente al caballo. Debe también, en su caso, adoptar las medidas positivas conducentes a conservar la posibilidad de la prestación, por ejemplo, alimentar al caballo y pasearlo.

Cosa parecida ocurre cuando se trata de una obligación negativa. El que atribuye a su vecino un derecho personal de paso, prometiéndole tolerar que utilice la finca para el acceso a la vía pública, está también obligado, de conformidad con la buena fe, a adoptar aquellas medidas de carácter positivo que posibiliten el ejercicio del derecho; por ejemplo, dejar abierta la puerta de la finca en el momento oportuno.

Estos especiales deberes de conducta se originan aún antes de que el contrato se encuentre perfecto. Así, en las etapas de las negociaciones podemos observar como, por ejemplo, surgen los deberes de dar la información real y necesaria para poder celebrar el contrato, y como contrapartida surgirá el deber de confidencialidad, que se traducirá en la obligación de no difundir la información que le haya sido dada en una tratativa preliminar. Asimismo, la buena fe será fuente de especiales deberes al momento de celebrar y ejecutar el contrato, ya sea al exigir el acreedor su crédito, o bien al cumplir el deudor la prestación. Finalmente, cabe señalar que la buena fe también impone una serie de deberes post-contractuales, que implican que las partes, después de la terminación de la relación contractual, "omitan toda conducta mediante la cual la otra parte se vería despojada o vería esencialmente reducidas las ventajas ofrecidas por el contrato"[196].

§ 2. LA BUENA FE Y SU FUNCIÓN CORRECTORA DEL CONTENIDO DEL CONTRATO

Dentro de la función integradora, buena parte de la doctrina extranjera suele tratar una subfunción, que consistiría en la buena fe como correctora del contenido que las partes han dado al contrato. Nosotros, para dar mayor claridad a nuestro trabajo, hemos preferido tratarla como una función distinta de la anterior, y que a su vez la diferenciamos con la función modificadora de la prestación, pues, como veremos, tratan dos situaciones totalmente distintas.

Nuestro ordenamiento jurídico se encuentra inspirado en el principio de la autonomía de la voluntad (o como prefieren otros, la autonomía privada), por el

196 Larenz, *Op. Cit.*, p. 156.

cual los particulares pueden autorregularse en sus relaciones recíprocas, siendo una de sus manifestaciones el hecho de que el hombre es libre para determinar el contenido de los actos jurídicos que celebre. Para la mayoría de la doctrina nacional se encuentra consagrado en el artículo 1545 del Código Civil, que señala: "Todo contrato legalmente celebrado es una ley para los contratantes, y no puede ser invalidado sino por su consentimiento mutuo o por causas legales".

La generalidad de la doctrina nacional reconoce tres límites a la autonomía de la voluntad: la ley, las buenas costumbres y el orden público. Estos tres límites se encontrarían claramente señalados en dos disposiciones de nuestro Código Civil: en primer lugar, en el artículo 1461, que en su inciso final señala: "Si el objeto es un hecho, es necesario que sea física y moralmente posible. Es físicamente imposible el que es contrario a la naturaleza, y moralmente imposible el prohibido por las leyes, o contrario a las buenas costumbres o al orden público"; y en segundo lugar, los límites se encontrarían señalados en el artículo 1467, que en su inciso segundo señala: "Se entiende por causa el motivo que induce al acto o contrato; y por causa ilícita la prohibida por ley, o contraria a las buenas costumbres o al orden público". Estos dos artículos deben coordinarse a su vez con el artículo 1445, que señala: "Para que una persona se obligue a otra por un acto o declaración de voluntad es necesario: [...] 3° que recaiga sobre un objeto lícito; 4° que tenga una causa lícita". Por último, la sanción que nuestro ordenamiento jurídico da a la infracción de estas normas es la nulidad absoluta, al señalar nuestro artículo 1682 que "La nulidad producida por un objeto o causa ilícita [...] son nulidades absolutas".

En relación con el primer límite que nuestro ordenamiento impone a la autonomía de la voluntad (la ley, o más precisamente "los actos que la ley prohíba"), no existe en nuestro ordenamiento positivo norma alguna en materia contractual que prohíba de manera expresa y general contrariar a la buena fe; a ello debemos agregar que la norma que contiene el principio en materia contractual –el artículo 1546– es de carácter imperativo, pues ordena hacer algo (que se ejecuten los contratos de buena fe) y no es por tanto una ley prohibitiva. De lo anterior podemos concluir que la buena fe no se encontraría, en nuestro ordenamiento positivo, dentro del primer límite a la autonomía de la voluntad.

Veamos entonces el segundo límite, que es dado por las *buenas costumbres*. Este es sin duda un concepto que, si bien se asemeja a la buena fe en su indeterminación, se diferencian por su contenido. Vial, siguiendo a los hermanos Mazeaud, señala que "la noción de buenas costumbres constituye un aspecto particular del orden público. Como dice un autor, sus contornos son imprecisos; comprende la moral sexual –buenas costumbres *stricto sensu*–, pero asimismo las ideas morales admitidas en una época determinada"[197]. Por su parte, LECAROS conceptualiza a las buenas costumbres como: "los principios que son moralmente predominantes en una determinada época"[198].

Entonces, debemos determinar cual es la relación existente entre estos dos conceptos. LARENZ señala que "la relación entre estos dos criterios de la buena fe y las buenas costumbres, es que las últimas se refieren a las exigencias mínimas que se derivan naturalmente de la condición social del hombre y exigen su observancia en cualquier situación, mientras los requisitos de la buena fe sobrepasan esa medida, precisamente porque presuponen una vinculación especial y una determinada confianza de las personas que intervienen. No toda infracción de la buena fe (en una determinada vinculación especial) es contraria además a las buenas costumbres, mientras que una conducta inmoral con motivo de una vinculación especial existente, representará siempre una infracción grave de la buena fe"[199]. En nuestro medio, una concepción semejante tiene BARROS[200], quien

197 VIAL DEL RÍO, Víctor, *Teoría General del Acto Jurídico*, Ediciones Universidad Católica de Chile, Santiago, Cuarta Edición, 2000, p. 54.

198 LECAROS ZEGERS, Raúl, *El acto jurídico en el Código Civil Chileno*, Facultad de Derecho, Ediciones Universidad Católica de Chile, Santiago, 1997, p. 40.

199 LARENZ, *Op. Cit.*, p. 145. Este autor cita a su vez a Hueck, que señala: "Las buenas costumbres dan la medida de la conducta a observar frente al completamente extraño; la buena fe es de observar frente a todo el que interviene en una relación jurídica concreta, conectado a ella mediante la iniciación de negociaciones contractuales o a través del ejercicio de un derecho".

200 "Se puede entender por buenas costumbres las exigencias de sociabilidad mínimas que se imponen al sujeto en cautela del bien de la sociedad o de personas indeterminadas. En el derecho privado contemporáneo las buenas costumbres han tendido a desplazarse desde el ámbito de la moral sexual y familiar (que en general, queda cubierto por el principio de privacidad), hacia los deberes generales de decencia en las relaciones con la comunidad en general. Así, resulta contrario a las buenas costumbres que un empresario incorpore subrepticiamente en las condiciones generales de contratación aplicables a los contratos con sus consumidores una cláusula que altera sustancialmente la economía natural del contrato. No es casual que se diga, en ese caso, que la cláusula es "abusiva": es una conducta incorrecta, contraria a las exigencia mínimas de sociabilidad que el derecho comparte la moral social. La buena fe se refiere a deberes que surgen en razón de una especial relación que tiene el titular del derecho con la persona que soporta su ejercicio. Se aplica especialmente a las relaciones contractuales, pero también a cualquiera otra situación en que se planteen deberes recíprocos de cuidado (como entre vecinos, por ejemplo). La buena fe invoca aquello que objetivamente se debe entender que forma parte de la relación en atención a su naturaleza [...] Las buenas costumbres se refieren esencialmente a las relaciones con la comunidad, y la buena fe, a una relación especial entre quien ejerce el derecho y quien soporta se ejercicio. Ambos conceptos están referidos en el código chileno a propósito del derecho de los contratos: como límite en la autonomía privada, las buenas costumbres (art. 1461 y 1467);

señala que las buenas costumbres se refieren esencialmente a las relaciones con la comunidad, y la buena fe, a una relación especial entre quien ejerce el derecho y quien soporta el ejercicio.

Entendido así el tema, toda vulneración a las buenas costumbres en un contrato implicaría una infracción a la buena fe; por lo tanto, la buena fe, al tener tan especial vinculación con las buenas costumbres, pasaría a formar parte de este segundo límite a la autonomía de la voluntad, y manifestaría de este modo su función correctora.

En todo caso, al analizar el artículo 1546se indicó que el mismo es una norma de orden público, y por ende la buena fe forma parte del tercer límite dado por nuestro ordenamiento positivo: el orden público. Sin perjuicio de lo ya dicho sobre la materia, resulta conveniente indicar que nuestra jurisprudencia ha definido el orden público como "la organización considerada como necesaria para el buen funcionamiento general de la sociedad"[201]; en esta línea de pensamiento, ALESSANDRI estima que el orden público sería "el conjunto de principios morales, religiosos, políticos, sociales y económicos sobre los que reposa, en un momento histórico dado, la organización de una sociedad y le permite a esta desenvolverse correcta y adecuadamente"[202].

Pues bien, sin duda alguna, la buena fe constituye uno de los elementos más esenciales y necesarios que toda comunidad requiere para su buen funcionamiento; de no entenderse así, viviríamos en un constante estado de desconfianza e inseguridad, que sin duda terminaría destruyendo las bases en las cuales se sustenta la sociedad. Una sociedad que desprotegiera a la buena fe viviría en un constante caos o "estado de guerra", como señalara LARENZ.

Por otra parte, muchas veces la ley dicta normas que considera de orden público, lo cual significa que son irrenunciables o indisponibles por las partes. A nuestro entender una de esas normas que tienen el carácter de orden público, y que por lo tanto son indisponibles por los particulares, es el artículo 1546, como ya lo indicamos anteriormente.

De este modo, podemos concluir que los particulares encuentran en la buena fe (ya sea que se entienda formando parte de las buenas costumbre o del

---

y como elemento de integración del contrato con aquellos elementos que se le entienden pertenecer en razón de la naturaleza de la relación, la buena fe (art. 1546, en relación con art. 1444) (BARROS, *Op. Cit.*, pp. 11 y ss).

201 VIAL DEL RÍO, *Op. Cit.*, p. 54.

202 ALESSANDRI, Arturo, SOMARRIVA, Manuel y VODANOVIC, Antonio, *Tratado de Derecho Civil. Partes Preliminar y General*, Tomo I, Editorial Jurídica de Chile, Santiago, 1998, p. 211.

orden público) un límite a su autonomía privada, y por ende, si el contrato va en contra de alguna de estas normas, adolecerá de objeto ilícito (art. 1461) o causa ilícita (art. 1467) según el caso, lo que acarreará su nulidad absoluta (art. 1682). En este sentido, De Los Mozos[203] señala que "la voluntad no se produce aislada, en un vacío jurídico, sino dentro del ordenamiento, y lo mismo que las normas imperativas limitan esa voluntad privada, hay un límite lógico, natural, de la voluntad, que impone la norma dispositiva, el uso y la buena fe".

§ 3. LA BUENA FE Y SU FUNCIÓN MODIFICADORA DEL CONTENIDO DE LA PRESTACIÓN DEBIDA

Según se ha expuesto, la buena fe es un patrón de conducta que impone la obligación de comportarse lealmente, en el cual ambas partes de la relación contractual cooperan entre sí para lograr satisfacer el interés que se tuvo a la vista al momento de contratar. Ello implica, de acuerdo a cierta doctrina extranjera, que los contratantes tienen la prohibición de aprovecharse de manera desleal de los cambios que se den en las circunstancias que rodean al contrato. En particular, la civilística alemana estima que la buena fe lleva a mitigar las obligaciones asumidas por el contrato y a transformar el contenido de las relaciones contractuales, operando en ellas una conversión, o eventualmente una resolución, según las exigencias de adaptación a circunstancias sobrevenidas.

En este sentido, Planiol y Ripert[204], señalan que es tan injusto e inmoral, esto es, tan atentatorio contra la buena fe, aprovecharse de las circunstancias futuras e imprevisibles a la época de celebrarse el contrato, como aprovecharse de las circunstancias contemporáneas ignoradas por el otro contratante. Por su parte, Von Tuhr[205] expresa que la buena fe constituye un límite al derecho del acreedor y fundamenta una excepción que protege al deudor contra una obligación exorbitante. La generalidad de los autores encuentra en la buena fe el fundamento principal de esta teoría. El mismo autor agrega que "debía ser la buena fe el fundamento de una excepción para proteger al deudor contra la obligación exorbitante en casos excepcionales de modificación de las circunstancias". Por su parte, Enneccerus[206]

---

203 De Los Mozos, *Op. Cit.*, p. 128.

204 Planiol y Ripert, *Op. Cit.*

205 Von Tuhr, *Op. Cit.*, p. 226.

206 Enneccerus, *Op. Cit.*, p. 210.

señala que "el derecho de resolución se justifica, en última instancia, por los principios de la buena fe que prohíben las reclamaciones no exigibles al deudor".

La buena fe aparece así en su calidad de guía para el actuar de las partes –sea deudora o acreedora–, quienes deberán abstenerse de sacar provechos de mala fe de las circunstancias no consideradas por las partes. Sin embargo, la existencia y extensión de este principio debe ser cuidadosamente analizada, pues la misma podría llegar a hacer desaparecer otro principio de igual envergadura, como lo es el de la autonomía de la voluntad. A nuestro entender, la autonomía de la voluntad y la buena fe en caso alguno se contradicen, sino que por el contrario se enriquecen mutuamente: mientras en virtud del primero los particulares pueden autorregular sus relaciones y asumir libremente los riesgos propios, y por el segundo las partes deben cumplir lealmente sus obligaciones y riesgos como ejercer sus derechos y prerrogativas. Por ende, si un determinado riesgo ha sido asumido por un contratante, mal podría alegar una modificación de la prestación en base a la buena fe, pues tal principio le impone el deber de respetar y satisfacer el interés de su contraparte. En otras palabras, si bien por regla general se analiza esta función desde la perspectiva de la protección del deudor, no podemos olvidar que la buena fe también protege al acreedor que ha sido leal en su comportamiento, y por ende, un deudor no puede ocupar la vía de la revisión y modificación judicial para aprovechar liberarse definitivamente del contrato, pues con ello también se atentaría contra la buena fe. Por lo anterior, toda solución deberá buscar siempre la vía más propia para lograr satisfacer el interés que las partes tuvieron al momento de contratar[207].

207 En relación a la materia, se ha afirmado recientemente por la doctrina nacional que "En Derecho nacional, a diferencia de la función integradora e interpretativa, no existe una norma de carácter general que permita al juez corregir los términos del contrato recurriendo a la buena fe, y sólo en una disposición específica del ordenamiento jurídico, en la Ley de Protección del Consumidor, se permite esta posibilidad. La norma del art. 1546 sólo determina que las partes pueden estar obligadas a más de lo expresado, pero el texto no permite que el juez modifique lo que ha sido expresado. Por lo demás, el art. 1545 establece de manera general la fuerza obligatoria de los contratos, y nuestra jurisprudencia tradicionalmente se ha apoyado en esta norma para negar la posibilidad de revisar el contrato de forma general y prescindiendo de un texto legal específico, distinguiéndose en este punto de otras jurisdicciones. Por lo tanto, nos parece que en Derecho nacional no existe la posibilidad de corregir la letra del contrato conforme al art. 1546. / Por la importancia que se le concede en nuestro sistema jurídico a la fuerza obligatoria del contrato, el juez sólo podrá intervenir en el contenido del contrato en virtud de una norma legal expresa, constituyendo una decisión legislativa. En este sentido, existen numerosas normas que regulan la actividad de los privados al contratar, como las normas sobre vicios del consentimiento, lesión enorme, objeto y causa, a las cuales debemos agregar la normativa desarrollada a partir del siglo XX

Lo ya expuesto nos lleva a analizar las notas esenciales del debate que ha existido en torno a la denominada teoría de la imprevisión, la cual ha sido definida como "la doctrina jurídica (conjunto de principios de derecho debidamente fundados) que sostiene que el juez puede intervenir a petición de cualquiera de las partes, en la ejecución de la obligación con el objeto de atenuar sus efectos, cuando, a consecuencia de acontecimientos imprevisibles para las partes al momento de formarse el vínculo jurídico, ajenos a su voluntad y que producen perturbación grave con relación a toda una categoría de contratantes, la ejecución de la obligación se hace más difícil o más onerosa, y siempre que aquel llegue a formarse la convicción de que siendo previsibles estas perturbaciones, las partes no se habrían obligado en las condiciones fijadas"[208].

En términos simples, esta teoría tendría lugar cuando "por motivo de hechos o circunstancias imprevistas e imprevisibles, extraordinarias y graves, se alteren de tal forma las condiciones que sirvieron de base a la contratación, que la prestación debida, sin que se torne imposible absolutamente, se transforme en excesiva e injustamente onerosa para una de la partes"[209].

Tanto en Chile como en el extranjero, la teoría de la imprevisión ha sido un tema arduamente debatido, el cual ha encontrado importantes defensores y detractores. Para ciertos autores, como Baudry-Lacantinnerie y Capitant, todo contrato es ley para las partes, que ninguna de ellas puede desconocer, aunque hayan variado las condiciones bajo las cuales lo celebraron. Lo acordado, por razones de seguridad jurídica, debe cumplirse en la forma convenida ("pacta sunt servanda"). Con esto, no cabe la revisión de los contratos y, por ende, tampoco cabe la teoría de la imprevisión. En cambio, para otros autores, como Ripert, Demogue, Planiol, Von Tuhr, Enneccerus, entre muchos otros, la teoría de la imprevisión debe admitirse por razones de equidad, moralidad y buena fe, la revisión de los contratos, y por causas imprevistas, las condiciones bajo las cuales fue acordado,

---

para regular determinadas relaciones contractuales y proteger al contratante débil, y en este contexto merece especial atención la regulación sobre protección al consumidor y su restricción amplia al contenido de los contratos recurriendo a la buena fe. Así, debe descartarse que sin una referencia específica al principio en estudio pueda modificarse el contenido del contrato a fin de establecer un equilibrio en la relación de las partes. Los contratantes tienen libertad para acordar los términos del contrato y para distribuir los riesgos de la operación de la manera que mejor lo estimen (Eyzaguirre y Rodríguez, *Op. Cit.*, p. 192).

208 De La Maza, Lorenzo, *La Teoría de la Imprevisión*, en Revista de Derecho y Jurisprudencia, T. 30, 1° parte, p. 93.

209 Dörr Zegers, Juan Carlos, *Notas acerca de la Teoría de la Imprevisión*, Revista Chilena de Derecho, Vol. 12 N° 2, 1985.

basándose en la subentendida cláusula tácita "rebus sic stantibus", según la cual las partes no quedarán obligadas a sus prestaciones recíprocas sino en el caso de que las circunstancias generales existentes al tiempo de obligarse subsistan en el mismo estado hasta la ejecución completa de la obligación.

Por su parte, de modo consistente la jurisprudencia nacional, fundada en el artículo 1545 y el principio "Pacta sunt servanda", ha rechazado la teoría, manifestando tempranamente que "los tribunales carecen de facultades para derogar o dejar sin cumplimiento la ley del contrato, ya sea por razón de equidad, o bien de buenas costumbres o reglamentos administrativos"[210]. Apoyarían esta postura los artículos 2003 regla 1° y 1983 del Código Civil.

Pese a lo anterior, con el paso del tiempo se han dictado, en forma aislada, ciertos fallos en sede arbitral que han dado acogida a esta teoría, la cual, a nivel de justicia ordinaria, ha sido acogida –que sepamos– tan sólo en una oportunidad por la Corte de Apelaciones de Santiago. En este fallo, dictado el año 2006, dicho tribunal, después de indicar que el artículo 1545 del Código Civil consagra el principio "pacta sunt servanda", resolvió: "de la simple lectura del artículo transcrito, pareciere emanar en forma definitiva, la inmutabilidad absoluta del contrato, criterio que esta Corte reconoce como un principio de certeza y seguridad jurídica, sin embargo, estima que el análisis del tema discutido en autos no puede abortarse de inmediato, pues la Teoría de la Imprevisión no es, en ningún caso, un peligro para tal principio, es decir, no es incompatible con la denominada "ley del contrato", por el contrario, se puede afirmar que ésta se ve reforzada por cuanto da la posibilidad a los contratantes de conservar inalterada la situación jurídica que asumieron al vincularse [...]Que, concluido lo anterior, esto es, que La Teoría de la Imprevisión puede ser aplicada en este juicio, corresponde determinar las normas jurídicas que avalan dicha posición. En efecto, a juicio de estos sentenciadores, la interpretación armónica de los artículos 1545, 1546, 1547, 1558, 1560, 1568, más el artículo 1444, todos del Código Civil, permiten la aplicación de la citada teoría en nuestro ordenamiento jurídico. En efecto, atendido que el artículo 1545 que como ya se dijo consagra el principio pacta sunt servanda, el cual si se entiende en su real sentido, obliga a los contratantes a cumplir la obligación estipulada, por lo que, toma importancia determinar exactamente cual fue la obligación asumida"[211].

---

210 *GT*, 1925, Primer semestre, p. 23.

211 Corte de Apelaciones de Santiago, 14 de noviembre de 2006, Rol N° 6812-2001.

Sin embargo, el año 2009 la Corte Suprema, siguiendo y citando a Abeliuk, ha insistido en la doctrina que rechaza la teoría de la imprevisión en Chile, resolviendo que la misma "no está expresamente contemplada, por obvias razones de época y los principios y preceptos de carácter general. Es por eso que no puede instalarse la imprevisión como tal ya que se estrellaría irremediablemente contra lo estatuido. Fundamentalmente es el artículo 1545 del Código Civil el que la excluye, pues el contrato no puede ser dejado sin efecto, y con menos razón aún modificado, si no es por voluntad de las partes –los jueces en materia civil no tienen otras facultades que las que se les han otorgado, y nadie les ha dado la de modificar las convenciones–. Así se ha fallado [...] se invoca el artículo 1546, que exige el cumplimiento del contrato de buena fe, y se dice que el acreedor si acosa a su deudor para que cumpla, aunque ello le signifique un perjuicio desconsiderado, no está de buena fe. Pero desde luego en autos, el acreedor no ha intervenido en el imprevisto que hace más gravoso el cumplimiento, y si realmente lo hubiera hecho no necesitaría el deudor la imprevisión para defenderse. Por último, el Código explica también que: "el contrato obliga, además de lo que se expresa, a lo que le pertenece por su naturaleza, por la ley o por la costumbre; y en ninguna de ellas aparece la imprevisión"[212].

Por último, tan sólo cabe agregar que en Chile, existe un proyecto de ley acerca de la teoría de la imprevisión. En el segundo informe de la Comisión de Constitución, Legislación y Justicia recaído en el proyecto de ley que permite la revisión judicial de contratos civiles y mercantiles (Boletín N° 309-07-1), de 31 de Julio de 2001, dicha Comisión aprobó el proyecto de ley, que consta de 5 artículos, y cuyo artículo 1°, en su inciso primero, señala: "Los contratos civiles y mercantiles, bilaterales conmutativos y unilaterales onerosos, de tracto sucesivo o de ejecución diferida, podrán ser revisados judicialmente si la prestación se hubiere convertido, por acontecimientos extraordinarios, imprevisibles y ajenos a la voluntad de las partes, en excesivamente gravosa de ser cumplida. En tal evento, el tribunal estará facultado para modificar las cláusulas respectivas, restableciendo la equivalencia de las prestaciones existente al momento de contratar". Cabe advertir que en ningún precepto del proyecto de ley se menciona a la buena fe.

212 Corte Suprema, 9 de Septiembre de 2009, Rol N° 2651-2008.

§ 4. LA BUENA FE Y SU FUNCIÓN EXTINTIVA O LIBERATORIA

Por último, nos cabe analizar la posibilidad de que por medio de la buena fe un contrato pueda extinguirse, o bien libere de responsabilidad al deudor que ha obrado de buena fe. Sin duda ha sido esta última función la más discutida por la doctrina, pues se puede caer en excesos que la darían una gran desestabilidad al contrato, institución fundamental para el tráfico jurídico.

Uno de los primeros autores en tratar el tema fue LARENZ[213], quien habla de la "limitación o desaparición del deber de prestación por causa de inexigibilidad". Señala el autor que el acreedor no puede reclamar la prestación cuando, o en tanto, al deudor, según las especiales circunstancias no le sea "exigible". Advierte este autor que no basta ni es suficiente en principio para liberar al deudor, que la obligación contraída le "perjudique excesivamente" o que "amenace producir su ruina económica", pues de lo contrario se le haría muy fácil sustraerse de sus obligaciones y desplazar el riesgo económico sobre el acreedor, con lo que se produciría una gran inseguridad jurídica. Por ello, este autor afirma que la buena fe liberará al deudor cuando así lo exijan los más altos intereses, especialmente en consideración a la vida o la salud del deudor o de sus familiares o a un deber moral más elevado que el de la prestación. Así, por ejemplo, no se puede exigir que actúe el actor de teatro en la tarde fijada si se encuentra enfermo con peligro de su vida, ni a la actriz, cuando su presencia sea necesaria junto al lecho de su hijo gravemente enfermo.

La gran crítica que se podría realizar a la doctrina de LARENZ es que se le despoja de toda seguridad jurídica a los contratos, pues el vínculo negocial se vería debilitado por caracteres morales que le son ajenos, produciendo en el largo plazo la nefasta consecuencia de que ya se reduciría enormemente el universo de los contratos, pues no se confiaría en la figura del contrato, que se vería altamente debilitada. Como contrapartida a estos argumentos, debemos señalar que existe el deber jurídico, consagrado en el artículo 1546 del Código Civil, que impone a las partes el deber –de carácter legal– de cumplir los contratos de buena fe, lo que se traduce en conducirse según lo harían personas leales, rectas y justas. Como se puede apreciar, estamos en presencia de un choque de dos principios fundamentales de todo ordenamiento jurídico: por una parte, la seguridad jurídica y la confianza en la palabra empeñada, y por otra parte, la justicia, manifestada en la forma ético-social de la buena fe ¿Cuál debe primar? Para llegar a un resultado

---

213 LARENZ, *Op. Cit.*, pp. 152 y ss.

adecuado, que compatibilice tanto seguridad como justicia, nos parece adecuado el criterio del autor alemán citado, pues, por regla general primará la seguridad, salvo que se den situaciones de carácter absolutamente excepcional que permitan liberar al deudor, pues así lo impone la buena fe. Y llegamos a esta respuesta no siguiendo patrones morales extrajurídicos, sino que guiándonos por el principio de la buena fe, que, como todo principio general del derecho, es Derecho propiamente tal, y por ende jurídico, agregando que tiene consagración positiva en el artículo 1546, lo que lo convierte, sin lugar a dudas, en norma legal, la cual, como ya anunciamos, es de carácter irrenunciable.

En todo lo antes dicho, vemos como la buena fe libera al deudor, pues prohíbe al acreedor exigir su crédito a toda costa, sacrificando, por ejemplo, la vida o salud del deudor. La buena fe, entonces, opera en su función de limitar el ejercicio del derecho subjetivo del acreedor, impidiendo que éste abuse de su crédito. Pero también podemos observar que la buena fe, actuando en su función de justificación de la apariencia, puede liberar al deudor de buena fe. En este sentido, podemos volver sobre el artículo 1576, en cuyo inciso segundo establece que "El pago hecho de buena fe a la persona que estaba entonces en posesión del crédito es válido, aunque después aparezca que el crédito no le pertenecía". Es claro que este artículo consagra el efecto liberatorio de la buena fe, pero ya no en su función de prohibición de un actuar desleal, sino que protegiendo al deudor que cumple con su obligación, en este caso, inserto en el pago, modo de extinguir las obligaciones.

En resumen, podemos decir que de forma muy excepcional la buena fe va a tener un efecto liberatorio bajo dos formas: primero, haciendo inexigible una determinada prestación, al actuar como patrón de conducta que limita el ejercicio del derecho del acreedor y, segundo, protegiendo al deudor que de buena fe ha cumplido con su obligación, basando su cumplimiento en una apariencia.

§ 5. LA BUENA FE Y SU FUNCIÓN HERMENÉUTICA O INTERPRETATIVA

En este apartado nos referiremos a dos puntos. En primer término, veremos el porque necesariamente, en nuestro Derecho, todo contrato debe ser interpretado según los dictados de la buena fe. En segundo lugar, analizaremos que implica el hecho de que los contratos deban interpretarse según la buena fe.

5.1. Aplicación en Chile de la buena fe en la interpretación de los contratos

En el ordenamiento jurídico nacional no existe una norma positiva que de manera expresa imponga la interpretación de buena fe de los contratos, a diferencia de lo que ocurre en una serie de legislaciones extranjeras, tales como Italia[214] o Alemania[215]. Esta omisión del legislador nacional podría hacer suponer que el juez no debe tener en consideración el principio de la buena fe al momento de interpretar un contrato. Esta conclusión es en nuestro concepto errada, por los motivos que pasamos a exponer.

a) En primer lugar, porque, tal como lo hemos comprobado, la buena fe es un principio general del derecho, de lo cual se deriva que:
   (i) Además de integrar e informar a todo el ordenamiento jurídico y a todos los contratos, cumple, al igual que todo principio, una función interpretativa.
   (ii) No requiere de una consagración positiva para tener aplicación, pues se trata de un principio anterior al ordenamiento positivo (y que es reconocido por él en distintas normas). El hecho de que la buena fe, en su calidad de principio, no se encuentre contenido de manera expresa en las normas de hermenéutica contractual no significa que se le está excluyendo.

b) En segundo lugar, porque parece atentar a toda lógica el insinuar que el ordenamiento jurídico ampararía una interpretación de mala fe del contrato, pues significaría que el Derecho aceptaría una conducta contraria a la justicia, y por lo tanto, contraria a él mismo. Dejar de lado a la buena fe en la interpretación del contrato implicaría, en definitiva, decir que el ordenamiento jurídico carecería de toda coherencia, en circunstancias de que la coherencia es una de sus características fundamentales.

c) En tercer lugar, porque, tal como señala Saavedra[216], si el contrato debe ejecutarse de buena fe, conforme a lo dispuesto en el artículo 1546, no puede dejarse de lado tan importante principio, por cuanto es indudable que según sea el sentido que se fije al negocio, se determinará, en definitiva,

---

214 El art. 1366 del Código Civil italiano señala: "Interpretación de buena fe. El contrato deberá ser interpretado de buena fe".

215 El art. 157 del Código Civil alemán (BGB) señala: "Los contratos han de interpretarse como exigen la fidelidad y la buena fe en atención a los usos del tráfico".

216 Saavedra, *Op. Cit.*, p. 368.

el de su ejecución y cumplimiento. En este sentido se ha manifestado tempranamente nuestra Corte Suprema, al señalar tempranamente que "el art. 1546 fija reglas para interpretar los contratos, facultad que corresponde a los jueces del fondo ejercitar con criterio exclusivo".[217]

Por lo anterior, desde un punto de vista jurídico la buena fe es un criterio de interpretación de todo contrato en el ordenamiento chileno. Veamos ahora que significa interpretar de buena fe un contrato.

5.2. La buena fe como criterio de interpretación del contrato

Según lo demostrado, la buena fe se nos presenta como un criterio de interpretación que el juez deberá aplicar al momento de determinar el sentido y alcance del contrato. Respecto a esta materia, Betti[218] expresa que "la buena fe, entendida como actitud de lealtad y de claridad recíprocas, sea criterio de la común intención de las partes en el curso de sus relaciones. Pero, además, entendida no ya como lealtad en el trato, sino más bien como intención y espíritu de colaboración que debe animar a cada una de las partes en el cumplimiento de las ajenas expectativas, la buena fe gobierna, sobre todo, la interpretación técnica del contrato, siendo, precisamente, instrumento para interpretar la norma contractual, según su espíritu"[219].

Que el juez, a lo largo de su interpretación, se base en la buena fe, se traduce en toda aplicación de una norma contractual que conduzca a un resultado deshonesto debe ser rechazada. De este modo, siempre habrá de preferirse la interpretación que mejor se adecué con el principio de la buena fe[220]. Por ejemplo, en un fallo

---

217 *RDJ* T. 26, Secc. 1°, p. 382.

218 Betti, *Op. Cit.*, p. 98.

219 Citemos en este contexto una sentencia de la Corte de Apelaciones de Santa Fe, Argentina, que recoge la interpretación de buena fe: "La buena fe, como norma fundamental en la interpretación de los contratos encierra algo más que una referencia a la corrección de las relaciones entre deudor y acreedor, que un llamado al fiel cumplimiento de las obligaciones pactadas, de una buena fe objetiva, lealtad y probidad, y de una buena fe subjetiva, creencia o confianza, relacionada con los múltiples supuestos de derecho aparente, que, en materia de contratos, encuentran su amparo, y que habría de conllevar a exigir su presencia en la formación, interpretación y ejecución del negocio". (C. Apel. CC Santa Fe I, 20/12/79, "Lobos, Néstor P., c. Toselli, Felipe, y otros", Zeuz 979-17-69).

220 En este sentido, el artículo 1:106 de los "Principios de Derecho europeo de los Contratos", al tratar el tema de la interpretación e integración de los principios, señala: (1) Los presentes principios deberán interpretarse y desarrollarse de acuerdo con sus objetivos. En especial deberá atenderse a la necesidad de favorecer la buena fe, la seguridad en las relaciones

de 1959 de la Corte de Apelaciones de Concepción, se señaló: "Si el promitente comprador mandó a confeccionar la escritura de compraventa definitiva y la firmó, hay que admitir, dentro de la buena fe con que deben interpretarse los contratos, que al menos se allanó, en tiempo y forma, a cumplir con sus obligaciones, de manera que si el saldo de precio que adecuaba no lo entregó al promitente vendedor, fue por no haber concurrido éste a cumplir con sus propias obligaciones, colocando en este evento al promitente comprador en la imposibilidad de dar oportuna satisfacción a esta parte de sus obligaciones"[221].

El artículo 1560 del Código Civil establece la norma general de interpretación de los contratos, la cual señala que conocida claramente la intención de los contratantes, deberá estarse a ella más que a lo literal de las palabras. En esta intención siempre el hermeneuta deberá buscar los elementos de cooperación, lealtad y rectitud que encierra la buena fe contractual, pues, como veremos a continuación, ésta se presume. En este sentido, existe un fallo uruguayo de 1920 que señala que "la buena fe en materia contractual consiste en el cumplimiento honesto de lo convenido, con sujeción a la voluntad manifiesta de las partes, sea expresa o tácita y, en silencio de los contratantes, aún con arreglo a su intención presunta"[222]. Fueyo, comentando este fallo, señala que esta solución supera el contenido de la disposición del artículo 1560, pues la sentencia admite la "intención presunta", lo cual se presenta a primera vista como afectando a la seguridad jurídica, pues se otorgan demasiadas facultades al intérprete; pero luego comenta que, "frente al principio de la buena fe, éste resulta ser el resorte capaz de darles a los efectos de las obligaciones la consabida elasticidad. No debe alarmarnos, pues, esta posición mayormente avanzada"[223].

Al parecer esta posición ya fue adoptada por nuestra Corte Suprema, que señaló: "Que el artículo 1546 del Código Civil establece una norma que concuerda con lo prescrito por el artículo 1560 del mismo Código y que se refiere a la buena fe y a la intención de las partes. Conocida esa intención, la buena fe que debe suponerse en el acto o contrato constituye una fuente segura de interpretación[224]". En este mismo sentido, y complementando la función integradora e interpretativa,

contractuales y la uniformidad de aplicación. y su artículo 5:102, sobre circunstancias relevantes en la interpretación expresa: (g) Las exigencias de la buena fe.

221 C. Concepción, 30 de octubre de 1959, *RDJ*, t. 56, secc. 2°, p. 98.

222 Sentencia de 2° instancia, de 3 de agosto de 1923. Citada por Fueyo, *Cumplimiento...*, p. 182.

223 Fueyo, *Cumplimiento...*, p. 182.

224 *RDJ*, t. XLV, Nos. 3 y 4, 1948, secc. I, p. 176.

MEDINA[225] expresa que hoy en día todo contrato debe ser interpretado de buena fe; y por eso se comprenden en él todas las cosas que son de su naturaleza, que se entienden pertenecerle sin necesidad de una cláusula especial; porque emanan de la naturaleza misma del contrato o porque la ley se las atribuye o la costumbre del lugar la considera comprendida en él. Habiendo guardado silencio al respecto en el contrato que celebran, la ley supone que esta es la intención de las partes. Agrega que hay que buscar la ejecución que se ajuste a la buena fe cuando los contratantes no han manifestado su voluntad expresamente o cuando las cláusulas del contrato se prestan a interpretaciones contrarias. Podemos observar en este punto que el artículo 1563 ocupa la misma terminología que el artículo 1546, pues señala en su inciso primero que "En aquellos casos en que no apareciere la voluntad contraria deberá estarse a la interpretación que mejor cuadre con la naturaleza del contrato", señalando a su vez el inciso segundo que "las cláusulas de uso común (o costumbre) se presumen aunque no se expresen"[226].

Terminemos este apartado con un ejemplo sobre la interpretación de buena fe de un contrato, dado por una sentencia alemana del 29 de junio de 1927, citada por el profesor LÓPEZ SANTA MARÍA[227]: El buque "Hansa" fue fletado para un viaje de Stettin a un puerto danés, estipulándose que si no se encontraba listo para recibir la carga el 30 de diciembre a mediodía, el fletador o cargador podía rescindir el contrato. El buque estuvo dispuesto el día convenido, pero a mediodía y 20 minutos según el armador, y entre las 12:30 las 13:00 horas según el fletador, quien invocando la cláusula estipulada, declaró que rescindía el contrato y reclamó el pago de los 2/3 del flete, como falso flete. El tribunal de Stettin accedió a la

225 MEDINA, *Op. Cit.*, p. 78.

226 FUEYO, en *Instituciones...*, p. 202, refiriéndose a la buena fe y su relación con las reglas de interpretación de los contratos, expresa: "En las reglas de interpretación de los contratos, en nuestro sistema reglado y en el de otros Códigos, encontramos normas que llevan una dirección paralela a la del cumplimiento de buena fe, y que confirman este principio y contribuyen a su reiteración. Por de pronto, la común intención de los contratantes, objeto de la interpretación del contrato, sirve de base fundamental a la ejecución de buena fe, pues tal es su punto de partida necesario, como lo ha confirmado la jurisprudencia ya citada sobre este particular. La conducta de las partes sirve también para interpretar el contrato y, a la vez, puede servir para fijar la forma de cumplirlo conforme a las reglas de la buena fe. La naturaleza del contrato es una fórmula en la investigación de la intención común de las partes y, a la vez, el propio texto del artículo 1546 dispone que la "la naturaleza de la obligación" es una de las bases en la fijación del alcance que tendrá la ejecución de buena fe".

227 LÓPEZ SANTA MARÍA, *Op. Cit.*, p. 404, quien a su vez la tomó de Francisco FARIÑA, *Derecho Comercial Marítimo*, 2° edición, tomo 2, Bosch, Barcelona, 1956, p. 106 y nota 3.

pretensión. Apelada la sentencia ante el tribunal del imperio alemán, éste anuló las decisiones anteriores, declarando que cuando el buque se encontraba listo para la carga media hora después de lo estipulado, el fletador no puede rescindir el contrato a causa de este retardo, pues una interpretación tan rigurosa está en oposición con la buena fe que debe siempre presidir la interpretación de los convenios entre las partes, y es evidente que un retardo sólo de algunos minutos no ha podido ocasionar perjuicio al fletador, siendo lo más probable que el invocar esta cláusula sea solamente un pretexto por su parte".

CAPÍTULO V

MANIFESTACIONES DE LA BUENA FE EN LAS DIVERSAS FASES O ETAPAS DE LA RELACIÓN CONTRACTUAL

Si bien el artículo 1546 de nuestro Código Civil, norma que consagra el principio general de la buena fe en materia contractual, señala que los contratos deben "ejecutarse" de buena fe, la doctrina y jurisprudencia es conteste en afirmar que este principio se encuentra presente durante todas las fases del contrato[228], imponiendo una conducta leal, recta y honesta durante toda la vida del negocio jurídico, comenzando por las negociaciones y tratativas preliminares (cuando aún no nace el contrato), pasando por la celebración y ejecución del negocio, y rigiendo aún la conducta una vez terminado el contrato. A continuación revisaremos las manifestaciones de la buena fe durante estas distintas etapas. En este sentido, LARENZ expresa que "tanto antes de la conclusión del contrato, en las conversaciones preliminares como al concluirlo, cada uno de los que en él intervienen está obligado a conducirse con aquella diligencia y consideración a la otra parte que es de esperar según la buena fe de su futuro compañero de contrato"[229].

§ 1. LA BUENA FE ANTES DE LA CELEBRACIÓN DEL CONTRATO

La doctrina moderna señala que antes de la celebración de un contrato existen una serie de pasos, a saber: las negociaciones preliminares, la oferta, el cierre de negocios, los contratos preparatorios y finalmente el contrato definitivo[230]. Para efectos de nuestro trabajo, analizaremos el rol de la buena fe en la primera de estas etapas, constituida por las negociaciones o tratativas preliminares, que en nuestro

228 En doctrina, a las distintas fases o etapas del contrato se le ha denominado "Iter Contractual" (LÓPEZ SANTA MARÍA) y "extensión contractual horizontal" (CORRAL).

229 LARENZ, *Op. Cit.*, p. 108.

230 ROSENDE ÁLVAREZ, *Responsabilidad Precontractual*, Ediciones Universitarias de Valparaíso, 1979.

medio no se encuentran reguladas por el ordenamiento positivo, a diferencia de lo que ocurre con la oferta, regulada en los artículos 97 y siguientes del Código de Comercio. Sostenemos que aún en esta etapa tan precaria (ya sea que se manifieste en tratativas verbales, o bien por escrito a través de "carta de intenciones" o "memorandos de entendimiento") los sujetos deben conformar su conducta según lo impone la buena fe.

En este punto, cabe preguntarse **¿porqué surgen estas obligaciones de lealtad o de respeto mutuo?** Ante esta pregunta pueden existir dos posibles respuestas: Una respuesta sería que este deber surge del genérico alterum non laedere, que implicaría el deber general de no dañar que existe por la sola circunstancia de que el hombre conviva en sociedad (lo que nos derivaría al genérico de la responsabilidad extracontractual). La segunda respuesta –que entendemos es más correcta– consiste, en palabras de Betti[231], en que "con la iniciación de las negociaciones se establece, entre las partes, una relación jurídica, que, aun no siendo la relación contractual, es ya una relación de confianza que impone recíprocas obligaciones con un contenido positivo"[232]. Finaliza el autor italiano señalando que "aquí no existe todavía una relación de obligación; pero por el sólo hecho de ponerse socialmente en contacto, surge para ambas partes el deber recíproco de lealtad y de probidad prenegocial, que impone, eventualmente, no sólo deberes negativos, sino también deberes positivos, consistentes en revelar la realidad de las cosas, tal y como cada uno las conoce, según su ciencia y conciencia". En otros términos, Larenz señala que "ya en estos momentos se crea una vinculación jurídica especial que autoriza a exigir una justificada confianza manifestada frente a la otra parte, y a tenerla en cuenta"[233].

Si bien no existe una relación contractual, ya hay un acercamiento, un contacto, un consentimiento en negociar, que impone el deber de comportarse de buena fe, lo cual se traduce en un comportamiento objetivo de honestidad y lealtad que ambos negociadores deben mantener durante todas las tratativas. De este modo, el derecho a retirarse de las negociaciones, considerado absoluto por la doctrina tradicional, encuentra un límite en la buena fe. Si bien no ha surgido ni el crédito para el acreedor ni la obligación para el deudor, existe, para ambos, una real "obligación de negociar de buena fe". En este sentido, el artículo 2:301 de

231 Betti, *Op. Cit.*, pp. 91-92.

232 Cabe señalar que el Código Civil italiano regula de manera expresa el tema en su artículo 1337, que establece: "Las partes en el desarrollo de las tratativas y en la formación del contrato deben comportarse según la buena fe".

233 Larenz, *Op. Cit.*, p. 155.

los "Principios de Derecho Europeo de los Contratos", relativo a las negociaciones contrarias a la buena fe, señala: "(1) Las partes tienen libertad para negociar y no son responsables en caso de no llegar a un acuerdo. (2) Sin embargo, la parte que hubiere negociado o roto las negociaciones de manera contraria a las exigencias de la buena fe, será responsable de las pérdidas causadas a la otra parte. (3) En especial es contrario a la buena fe que una parte entable negociaciones o prosiga con ellas si no tiene intención alguna de llegar a un acuerdo con la otra parte".

Ya sabemos porqué existe la obligación de comportarse de buena fe. Cabe preguntarse ahora ¿Cuáles son estos deberes? García Rubio[234] señala que la buena fe en la etapa precontractual es generalmente entendida como un criterio objetivo de valoración de la conducta de quienes están inmersos en la etapa preparatoria de un negocio jurídico, constituyéndose en fuente de creación de determinados deberes de conducta exigibles en cada caso de acuerdo con la naturaleza del negocio y con las finalidades que las partes persiguen por su intermedio. Veamos ciertos grupos de obligaciones –todos muy vinculados entre sí– que pueden surgir a raíz de la buena fe en esta etapa:

a) **Deber de veracidad**: Durante las tratativas preliminares, ambas partes se encuentran en la obligación de ser veraces en sus dichos e intenciones. Esto además va ayudar a una adecuada negociación, pues conociendo los intereses reales de la contraparte, podrán surgir nuevas propuestas o bien soluciones a los problemas que se presenten. Como señala López, "la actitud exigida es la de hablar claro, absteniéndose de afirmaciones inexactas o falsas, como igualmente de un silencio o reticencia que pueda conducir a una equivocada representación de los elementos objetivos y subjetivos del contrato que se vislumbra". "Durante la fase de las tratativas –agrega este autor–, cada negociador procura representarse de manera exacta al sujeto con quien se va a vincular y a las prestaciones que el contrato proyectado haría nacer. Los actos e informaciones encaminados a ilustrar al interlocutor deben enmarcarse en una línea de corrección y lealtad"[235].

   Por su parte, la jurisprudencia ha resuelto que "La parte demandada estaba obligada no sólo a lo que en el contrato se expresó, sino que también a todas las cosas que emanaban de la naturaleza de la obligación, de acuerdo a la norma del artículo 1546 del Código Civil. En consecuencia, la demandada debió ser suficientemente clara y precisa en sus observaciones al estudio

234 García Rubio, citada por Saavedra, *Op. Cit.*, p. 367.

235 López, *Op. Cit.*, p. 399.

realizado, ser éstas necesarias o procedentes, e imponer un plazo adecuado para su respuesta o aceptación"[236].

b) **Deber de lealtad:** Las partes, en el marco de una negociación, tienen la obligación recíproca de comportarse de manera leal y honesta. Esto no significa que durante esta etapa las partes no busquen sacar el mayor provecho posible –entenderlo de otra manera implicaría desconocer el objetivo de toda negociación, que, por lo demás, es plenamente lícito–, sino que se traduce en que tal provecho debe ser justificado y obtenido de buena fe, sin "traicionar" a la contraparte. Es a lo que los norteamericanos denominan "negociación con principios". SAAVEDRA de ejemplos de este deber: nadie debe iniciar negociaciones que no tenga intención de concluir; no interrumpir de manera imprevista e injustificada las negociaciones; no efectuar negociaciones paralelas, salvo que se hubiere hecho especial reserva de ello, etcétera.

c) **Deber de información:** Las partes tienen la recíproca obligación de dar la información que sea elemental para que la contraparte pueda representarse de manera eficaz los distintos escenarios futuros que pueden presentarse. La información, además de ser suficiente y completa, debe ser, obviamente, correcta y exacta. En este sentido, LÓPEZ SANTA MARÍA señala que "la información de buena fe exige, por ejemplo, respecto a los sujetos, que no se incurra en inexactitudes sobre la solvencia de los negociadores, sobre sus aptitudes laborales o destrezas técnicas o artística según los casos. En relación con el objeto, en el seguro contra el incendio es preciso informar fielmente sobre la naturaleza de los materiales de que se compone la casa asegurada; si se trata de un vehículo asegurado contra robo, será vital conocer por el asegurador si se guarda cotidianamente en una cochera particular o pública; o bien, si queda a la intemperie durante las noches[237]. Cabe apuntar que el deber de información que impone la buena fe no significa que cada parte deba "desnudarse", en el sentido de entregarle información confidencial que no

236 C. San Miguel, Libro registro de sentencias civiles de la Corte de Apelaciones de San Miguel, julio 1997.

237 Charles FRIED, en *La obligación contractual. El contrato como promesa*, Editorial Jurídica de Chile, 1996, nos presenta un caso norteamericano en donde se faltó al deber de información. En el caso Obde v. Schlemeyer el vendedor sabía que su casa estaba infestada de termitas, y también que como tratamiento él no había hecho más que tapar y reparar todos los signos visibles de ingestación. Ahora bien, el comprador no preguntó por termitas, ni el vendedor dio seguridad sobre la condición de la casa. A pesar de ello, un tribunal falló que el comprador había sido engañado y le concedió una indemnización por las pérdidas que había sufrido.

será necesaria conocer para el contrato en particular que se pretende celebrar. Por ello repetimos que la información debe ser suficiente, completa y exacta[238].

Nuestra jurisprudencia se ha referido sobre la materia principalmente en materia de seguros[239]. Así, por ejemplo, en un fallo de la Corte de Apelaciones de Santiago, confirmado por la Corte Suprema, se indicó que la buena fe en materia de seguro de desgravamen es una "exigencia que se funda en el principio de la buena que ha de existir en las relaciones de las partes y que el seguro tiene connotación, no sólo a la época de la formación del consentimiento sino que incluso al tiempo de las tratativas preliminares, especialmente al emitirse por el asegurado la declaración de voluntad que contiene la proposición de contrato de seguro que ha de celebrarse"[240].

Por su parte, en un reciente fallo la Corte Suprema resolvió la siguiente: "Que, manifestaciones concretas de la buena fe se advierten en todo el proceso iter contractual. En efecto tanto en la etapa de los tratos preliminares, como en el instante de la celebración, en el cumplimiento y también en las relaciones post contractual./ En la etapa previa existen deberes precontractuales que pueden hacerse descansar en la buena fe objetiva, de forma de imponer, en determinadas circunstancias, peculiares deberes de información, que aseguren una negociación justa y no basada en un aprovechamiento que el derecho no tolere. El inciso final del artículo 1814 del Código Civil, se inspira en este principio, cuando prescribe que quien vendió a sabiendas lo que en todo o en una parte considerable no existía, resarcirá los perjuicios al comprador de buena fe. El saneamiento por los vicios redhibitorios, en la compraventa, también se funda en el mismo principio"[241].

Adicionalmente, cabe considerar que como señala Corral, nuestra jurisprudencia también ha resuelto que la buena fe no sólo es útil para fundamentar el deber precontractual de información, sino también para

238 En relación a la materia, véase De Almeida Villaça Azevedo, Marcos, *Buena fe objetiva y los deberes de ella derivados*, en Tratado de la Buena Fe en el Derecho, Editorial La Ley, Tomo II, pp. 131-154.

239 Un análisis particular de la buena fe en materia de seguros se encuentra en Ruiz-Tagle Vial, Carlos, *La buena fe en el contrato de seguro de vida*, Editorial Jurídica de Chile, 2011.

240 Gaceta Jurídica N° 252, 2001, p. 51, citado por Corral, *Op. Cit.*, p. 210. Un estudio particular sobre la materia se encuentra en Costabál Guzmán, Julio, *La buena fe y el deber de declaración del riesgo en el Contrato de Seguros*, publicado en Anuario de Tesinas Jurídicas, Facultad de Derecho Universidad de los Andes, 2005.

241 Corte Suprema, 2 de septiembre de 2014, LegalPublishing, Cita Online CL/JUR/6172/2014.

moderarlo y reducirlo a sus justos límites. En este sentido, se ha señalado por los tribunales de alzada que "el principio de la buna fe que impera en nuestro derecho y lo puntual del referido antecedente permiten justificar el hecho de que el recurrente no consignara en la declaración de salud el hecho en cuestión, por estimarlos irrelevante y constitutivo de una patología propiamente tal"[242].

d) **Deber de confidencialidad:** Durante las tratativas preliminares, las partes, cumpliendo con su deber de información, suelen entregar ciertos datos de carácter confidencial, secreto o reservado, que se da a conocer a la contraparte únicamente en vistas al contrato a celebrar (por ejemplo, sobre la situación financiera de una empresa, sus relaciones comerciales, su cartera de clientes, o bien un know-how determinado). Pues bien, puede ocurrir que las negociaciones, por cualquier motivo, no concluyan en el contrato. En estas situaciones, como contrapartida al deber de información, surge para las partes el deber de confidencialidad o secreto, que se traduce en la imposibilidad de divulgar la información que hubiese sido conocida durante una tratativa preliminar.

La última pregunta que debemos responder es **¿Qué ocurre si se incumplen estos deberes?** Claramente debe surgir una responsabilidad precontractual, en eso todos están de acuerdo. El problema será determinar que reglas de responsabilidad se aplican, si las de la responsabilidad contractual o la de la responsabilidad extracontractual o aquilanea.

Algunos autores creen que en este caso surge una responsabilidad contractual, porque, si bien no se ha celebrado el contrato, sí existiría un vínculo jurídico especial muy semejante a una obligación contractual. Con todo, esta opinión es muy minoritaria, y en general sus sostenedores son italianos, los cuales cuentan en su Código Civil con una norma expresa en esta materia (el artículo 1337), lo cual explicaría que lleguen a esta conclusión. Sin embargo, en Chile no es aplicable tal teoría (a menos que existan acuerdos preliminares que versen, por ejemplo, en los gastos en que incurrirán la partes, pues en esos casos tal acuerdo constituye un contrato en sí), pues las normas de nuestro Código sobre responsabilidad contractual (artículos 1545 y siguientes) presuponen siempre la existencia de un contrato perfecto en los términos del artículo 1443, que distingue entre contratos

242 C. Santiago, 17 de diciembre de 199, Rol 2-2000, confirmada por la C. Suprema, 10 de enero de 2000.

reales, solemnes y consensuales. Por su parte, el artículo 4:110 de los "Principios de Derecho Europeo de los Contratos", relativo a las cláusulas abusivas no negociadas individualmente, expresa: "(1) Una cláusula que no se haya negociado de manera individual y que cause, en perjuicio de una parte y en contra de los principios de la buena fe, un desequilibrio notable en los derechos y obligaciones de las partes derivados del contrato, puede anularse por la parte afectada, atendidas la naturaleza de la prestación debida, los demás términos del contrato y las circunstancias del momento en que se celebró el mismo".

En nuestro medio, la opinión generalizada es que se deben emplear las reglas de la responsabilidad extracontractual (artículos 2314 y siguientes), pues no hay un vínculo jurídico (de índole contractual) entre las partes[243]. Ahora bien, para que surja la responsabilidad precontractual no basta con la concurrencia de los elementos de la responsabilidad aquilanea, pues se requiere, además, el incumplimiento de un deber impuesto por la buena fe. Entenderlo de otro modo nos puede llevar a objetivar esta responsabilidad, lo cual llevaría al nefasto resultado de que muy pocos negociarían (por la eventualidad de tener que indemnizar perjuicios), con lo cual se reducirían la cantidad de contratos y negocios, lo que sin duda produciría un efecto negativo e indeseable para el tráfico comercial y para la economía. Es por ello que decimos, siguiendo a Rosende, que debe encontrarse el justo equilibrio entre la libertad para contratar, y el respeto a la palabra empeñada y al patrimonio ajeno, y tal equilibrio no lo da otra cosa que la buena fe.

§ 2. LA BUENA FE EN LA ETAPA DE CELEBRACIÓN DEL CONTRATO

Una vez decidida la realización de un contrato, también la buena fe regirá la celebración del mismo, en el sentido de que ninguna de las partes podrá obtener ventajas fraudulentas que se deriven de dicha celebración. Esta buena fe en la celebración

243 Un reciente y acabado estudio sobre la materia se encuentra en Barrientos Zamorano, Marcelo, *Daños y deberes en las tratativas preliminares de un contrato*, LegalPublishing, 2010. Este autor afirma: "Los deberes de protección o de seguridad pueden darse ya en la fase precontractual no habiendo todavía contrato, el que puede incluso no llegar a celebrarse. Sin embargo, y como hemos puesto en evidencia a lo largo de este trabajo, la ley mediatamente y la buena fe inmediatamente atribuyen a los sujetos que intervienen en los tratos, la forma recíproca y específica, deberes de cuidado, atención y cautela. Ellos buscan preservar sus respectivas esferas, personal y patrimonial de todo daño que pueda derivar de la proximidad o relación entre las mismas que entrañan, necesariamente, dichos tratos preliminares. Todos los anteriores extremos quedan englobados en el citado 2314 del Código Civil" (p. 118).

se puede traducir, por ejemplo, en redactar de manera clara el contrato, o bien no abusando de una posición más provechosa o privilegiada.

Nuevamente nuestro Código no contiene una norma expresa acerca de la buena fe en esta materia, pero ello no nos puede hacer titubear en ningún minuto en nuestra afirmación, por los siguientes motivos:

i) La buena fe, como principio general del derecho, se aplica a todo e actuar humano, y por lo tanto también alcanza a la celebración de actos y contratos;

ii) Por los términos amplios del artículo 1546, con lo que cabría su aplicación no sólo a la ejecución del contrato, sino que a todas las etapas del "iter" contractual;

iii) Porque, aunque consideráramos que el artículo 1546 sólo debe ser aplicado a la ejecución de los contratos, necesariamente, la lógica nos indica que si el contrato debe ejecutarse de buena fe, también debió celebrarse de buena fe. No existiría razón lógica para exigir la buena fe en la ejecución y no en la celebración, considerando además la íntima relación causa-efecto que existe entre ambas etapas;

iv) Porque se deriva de manera clarísima de las reglas de interpretación contractual, pues el inciso segundo del artículo 1566 señala: "Pero las cláusulas ambiguas que hayan sido extendidas o dictadas por una de las partes, sea acreedora o deudora, se interpretarán contra ella, siempre que la ambigüedad provenga de una falta de explicación que haya debido darse por ella". Claramente, en Código está sancionando a quien, al momento de celebrar el contrato (redactándolo) actuó de mala fe.

v) Por la máxima *nemo auditur propriam turpitudinem allegans*, contenido en nuestro artículo 1683, que señala: "La nulidad absoluta [...] puede alegarse por todo el que tenga interés en ello, excepto el que ha ejecutado el acto o celebrado el contrato, sabiendo o debiendo saber el vicio que lo invalidaba...". Claramente esta norma está sancionando a la parte que de mala fe celebró el contrato, conociendo el vicio de nulidad que lo afectaba. Una norma similar la encontramos en el Código Civil italiano, que en su artículo 1338 dispone: "La parte que conociendo o debiendo conocer la existencia de una causal de invalidez del contrato no lo ha comunicado a la otra parte, está obligada a reparar el daño que ésta ha sufrido por haber confiado, sin su culpa, en la validez del contrato" (cabe señalar que esta norma se encuentra inmediatamente después del art. 1337, que trata sobre la buena fe en la etapa precontractual; por ello la doctrina italiana la identifica como la buena fe en la celebración del contrato).

vi) Por lo demás, así lo comprueban ciertas leyes particulares, entre las que destaca la Ley N° 19.496, sobre derechos de los consumidores, que al referirse a la las llamadas "cláusulas abusivas", proscribe aquellas que "En contra de las exigencias de la buena fe, atendiendo para estos efectos a parámetros objetivos, causen en perjuicio del consumidor, un desequilibrio importante en los derechos y obligaciones que para las partes se deriven del contrato". Pese al limitado ámbito de aplicación de esta ley (que rige a los llamados "actos jurídicos mixtos o de doble carácter", según lo expresa su artículo 2°), es claro el espíritu general del legislador de sancionar a quien actúa de mala fe en la celebración de un contrato.

En suma, la buena fe también deberá imperar en la celebración del contrato, y de no ser ésta seguida, las sanciones pueden ser de distinta índole, como por ejemplo, que se dejarán sin efecto ciertas cláusulas (art. 16 de la Ley N° 19.496), o bien no podrá solicitarse la nulidad del acto (artículo 1683 del Código Civil), no podrá solicitarse la restitución (artículo 1468 del Código Civil), puede producir la rescisión de ciertos contratos (por ejemplo en la lesión en la compraventa y permuta de bienes inmuebles), etcétera. A su vez, el ordenamiento protege a quien haya actuado de buena fe en la celebración del contrato (por ejemplo, el artículo 1566 en materia de interpretación).

Lo anterior se encuentra recogido por nuestra jurisprudencia, que ha resuelto que "los contratos deben celebrarse de buena fe, constituyendo entonces el dolo una causal de nulidad por vicio del consentimiento, en que incurrieron en forma simultánea al contrato, como autores, ambos contratantes, causando perjuicio efectivo de carácter patrimonial a un tercero, la actora de autos, lo que permite, por razones de equidad y legales, desde el momento que no es lícito que los contratantes dolosos se beneficien o aprovechen con su actuar malicioso, la anulación del acto convencional por ellos efectuado, por lo que no puede interpretarse restringidamente y en la forma que pretende el demandado el artículo 1458 del Código Civil cuyo sentido es amparar al contratante inocente"[244].

Más recientemente, la Corte Suprema ha resuelto "Que, manifestaciones concretas de la buena fe se advierten en todo el proceso iter contractual. En efecto tanto en la etapa de los tratos preliminares, como en el instante de la celebración, en el cumplimiento y también en las relaciones post contractual [...] En cuanto a la fase de celebración del contrato también se puede advertir el reconocimiento

244 Libro de Registro de Sentencias Civiles de la Corte Suprema, Noviembre, 1998.

que hace el legislador a este principio en estudio. Así, en esta etapa en que las partes firman el contrato, por ejemplo las cláusulas deben quedar redactadas en términos tales que de ellas no puedan derivar en ambigüedades directamente buscadas, que puedan luego traer perjuicios a alguna de las partes. La cláusula contra proferentem, contenida en el inciso segundo del artículo 1566 del Código Civil, se inspira en este mismo principio"[245].

§ 3. LA BUENA FE EN LA ETAPA DE EJECUCIÓN DEL CONTRATO

Sin duda alguna, es en la etapa de ejecución o cumplimiento del contrato del contrato donde la buena fe ha tenido un mayor desarrollo por nuestra doctrina y jurisprudencia nacional, por la existencia del artículo 1546, que señala: "Los contratos deben ejecutarse de buena fe, y por consiguiente obligan no sólo a lo que en ellos se expresa, sino a todas las cosas que emanan precisamente de la naturaleza de la obligación, o que por la ley o la costumbre pertenecen a ella". Hemos visto que en dicha disposición se le ha reconocido a la buena fe su potencialidad jurígena, integrando las lagunas contractuales y legales, y sobretodo, creando especiales deberes de conducta para ambas partes de la relación contractual. De este modo, la buena fe implica una real cooperación entre las partes, las cuales deben buscar la real satisfacción de su compañero en el contrato. La buena fe opera entonces como un patrón de conducta exigible tanto al acreedor, al ejercer sus derechos que emanan del crédito, como al deudor, al cumplir la prestación debida. Para ambas partes del contrato pueden surgir ciertos deberes, que encuentran su fundamento en la buena fe.[246]

---

245 Corte Suprema, 2 de septiembre de 2014, LegalPublishing, Cita Online CL/JUR/6172/2014.

246 En un sentido similar, Betti expresa: "¿Cómo debe entenderse el principio de la buena fe que rige el cumplimiento de las obligaciones? Como ya hemos dicho, la buena fe somete a control, por entero, el compromiso de las partes; no sólo de una de ellas, sino también de la otra, en sus recíprocas relaciones, tanto en cuanto que también la otra parte debe encontrar satisfecha una expectativa propia. Lo que es evidente en las relaciones contractuales con prestaciones recíprocas, pero que no deja de hacerse sentir la exigencia de reciprocidad en las relaciones de otro tipo. La buena fe se podría caracterizar como un criterio de conducta que se funda sobre la fidelidad del vínculo contractual y sobre el compromiso de satisfacer la legítima expectativa de la otra parte: un compromiso en poner todos los recursos propios al servicio del interés de la otra parte en la medida exigida por el tipo de relación obligatoria de que se trate; compromiso en satisfacer íntegramente el interés de la parte acreedora de la prestación" (*Op. Cit.*, p. 114).

SAAVEDRA[247] señala las siguientes manifestaciones de la buena fe en la ejecución de los contratos:

a) La buena fe en la ejecución de los contratos implica el deber de cada una de las partes de realizar el interés contractual de la otra o de evitar causarle daño, incluso con el cumplimiento de obligaciones no previstas.
b) La obligación de comportarse según la buena fe en la fase de pendencia de la condición, con el objeto de conservar íntegros los derechos de la otra parte, lo que implica un deber de custodia con la diligencia debida de la cosa enajenada bajo condición suspensiva o adquirida bajo condición resolutoria.
c) La buena fe en la ejecución del contrato implica la obligación de informar cualquier circunstancia sobrevenida que la contraparte no haya podido conocer.
d) La violación del deber de buena fe en la ejecución de un contrato puede configurar, también, una hipótesis de abuso del derecho, la que se producirá cuando uno de los contratantes ejercite frente a su contraparte los derechos que el propio contrato o ley le atribuyen, pero con una finalidad distinta de aquella para la cual estos derechos se configuraron.

Concentrémonos en este punto en las **obligaciones y deberes que nacen de la buena fe en la ejecución de los contratos**, manifestación de la función integrativa de este principio general del derecho. Primeramente, debemos abordar su **naturaleza jurídica**. Para empezar, debemos recordar que la buena fe, como principio general del Derecho que es, es una real norma dispositiva, y por lo tanto, por sí misma, tiene la llamada "potencialidad jurígena" que le permite imponer obligaciones a los particulares, las cuales son plenamente exigibles. Si alguna duda cupiera a este respecto, nuestro artículo 1546 se encarga de dejar bien en claro el asunto, al señalar que los contratos "obligan no sólo a lo que en ellos se expresa", ampliando de manera expresa las obligaciones contenidas en un contrato. Por lo tanto, es claro que las obligaciones que nacen de la buena fe contractual no son meros deberes de orden moral, sino que tienen una real entidad jurídica (ya sea que situemos a la buena fe en su calidad de principio general del Derecho, o bien en su calidad de norma positiva). En esto, al parecer, todos están de acuerdo.

El punto donde surgen mayores discrepancias doctrinales radica en determinar cual es la relación que tienen estas obligaciones surgidas de la buena fe contractual con la prestación que es objeto del contrato, lo cual derivará en un tema de mayor

247 SAAVEDRA, *Op. Cit.*, p. 369.

interés. ¿Las obligaciones nacidas de la buena fe son susceptibles de ser exigidas de manera autónoma, esto es, con independencia de la prestación principal?

JORDANO FRAGA[248], siguiendo una corriente doctrinal nacida en Alemania y encabezada por STAUB, STOLL Y SIEBERT, señala que junto al interés primario del acreedor de realización de la prestación, existe, como consecuencia de la proximidad de las esferas personal y jurídica determinada por el vínculo obligatorio, otro interés secundario en ambas partes del vínculo, que implica que, de su realización, no se derive daño para ninguna de ellas. Por ello, junto a los deberes de prestación, aparecen los deberes de protección. Los primeros tienden a la realización del interés primario del acreedor. Los segundos, fundamentalmente derivados de la idea de buena fe, se dirigen a preservar a cada una de las partes del daño que se les pueda derivar del cumplimiento de la obligación. Los deberes de protección (que se clasifican en cuatro categorías: deberes de aviso o comunicación, deberes de custodia, deberes de conservación o seguridad y deberes de salvamento o rescate[249]) tienen un contenido autónomo respecto del deber de prestación; de modo que, desde la perspectiva del deudor, estos deberes operan con independencia de que la prestación principal se haya cumplido. La responsabilidad del deudor (o eventualmente del acreedor) por la infracción de estos deberes, es de carácter contractual, pues se trata de la violación de una obligación de cautela que tiene su raíz en la buena fe, en la lealtad y corrección hacia la contraparte que preexiste a la propia afirmación de la responsabilidad principal. Finaliza este autor señalando que de este modo la noción de responsabilidad contractual resulta ampliada, pues junto a la responsabilidad por incumplimiento en sentido estricto (derivada de la violación del deber de prestación), aparecen los supuestos de violación de los deberes de protección que se refiere a intereses diversos.

---

248 JORDANO FRAGA, *Op. Cit.*, pp. 141-143.

249 Los deberes de aviso o comunicación son aquellos en virtud de los cuales, una de las partes debe avisar a la otra de cualquier alteración producida en la situación de hecho contemplada por la relación obligatoria existente entre ambas que pueda afectar a un interés suyo. Entre los deberes de custodia, se citan los casos de responsabilidad por daño en las cosas y efectos introducidos por los clientes en fondas, mesones, hoteles, y en general en toda clase de establecimientos públicos en los que se desarrolla la actividad debitoria principal. Entre los deberes de conservación o seguridad, se citan aquellos que se refieren a la integridad física del viajero en el transporte de personas o a la del arrendatario en el arrendamiento de vivienda, bien entendido que el deber de protección (y la consiguiente responsabilidad contractual) del transportista y del arrendador se refiere exclusivamente a los daños derivados del transporte y del mal estado de la vivienda. Finalmente, los deberes de salvamento o rescate tienden a evitar la especulación con el daño.

Por su parte, BETTI[250] señala que los deberes que nacen de la buena fe en la ejecución de los contratos son "obligaciones integrativas instrumentales", las cuales se caracterizan como aquellas que deben asegurar el cumplimiento de la prestación y están, por tanto, estrechamente ligadas a la prestación debida, de la cual no pueden escindirse en modo alguno. Son obligaciones complementarias y accesorias, y se hallan inspiradas en la finalidad de que se cumpla la expectativa del acreedor. Para ellas no puede pensarse en una acción judicial autónoma. No son obligaciones que sean exigibles por sí mismas, pero si su inobservancia provoca una ejecución defectuosa del contrato, un cumplimiento inexacto, la inobservancia misma de tal obligación hará responsable al deudor por incumplimiento. Tales son las obligaciones de omisión, que forman el reverso de la obligación positiva de prestación, o aquellas que son preparatorias para la exacta ejecución de la prestación.

Creemos que estas dos posiciones, que en apariencia distan tanto entre sí, no son plenamente irreconciliables. Hacemos esta afirmación porque estos dos autores tratan dos cosas distintas: mientras JORDANO FRAGA se concentra en los "deberes de protección", BETTI se concentra en las "obligaciones instrumentales", que se ubicarían en los "deberes de prestación". Además, estas posiciones se acercan pues JORDANO FRAGA señala que existe un "límite mínimo" para los deberes de protección, el cual "viene dado por el dato de que para que la violación productora del daño de lugar a la responsabilidad contractual, ha de ser tal que sea causada por una actividad esencialmente ligada a la ejecución de la relación obligatoria de que se trate y no ocasionalmente ligada a la misma, pues en este segundo caso se trataría de responsabilidad extracontractual".[251]

Creemos que la buena fe, en la ejecución de los contratos, hace nacer deberes y obligaciones tanto de carácter prestacional como de protección, las cuales, si bien en abstracto pueden separarse y diferenciarse de la prestación principal, en la práctica van muy unidas a la ejecución de tal prestación, de manera que sería difícil imaginar una acción autónoma para ellas. Por lo demás, cuando no se cumple con alguna obligación o deber nacido de la buena fe, generalmente no se va a estar cumpliendo de manera exacta la prestación principal[252]. En este sen-

250 BETTI, *Op. Cit.*, p. 106.

251 JORDANO FRAGA, *Op. Cit.*, pp. 141-143.

252 Podemos ocupar el ejemplo que GUZMÁN BRITO, da acerca de la buena fe y la ejecución del contrato: "Alguien vende a otro, sin más, ciertos frutos aún pendientes, o piedras de una cantera no extraídas todavía, o troncos de árboles antes de su tala, en calidad de muebles por anticipación (artículo 571 CCCh). La tradición de estos objetos, que tiene lugar con su separación del inmueble al que pertenecen (artículo 685 inciso 1° CCCh), exige un acuerdo

tido, Fueyo afirma que la falta de cumplimiento de buena fe es lo que determina el incumplimiento y sus efectos, agregando que "el propio cumplimiento queda comprometido si en él no se han respetado las reglas de la buena fe"[253]. Por lo tanto, de infringirse uno de estos deberes, surgirá una responsabilidad de carácter contractual[254].

Para terminar el tema de la buena fe en la ejecución de los contratos, revisaremos su relación con dos importantes instituciones del derecho de las obligaciones: la excepción de contrato no cumplido y la condición resolutoria tácita[255]:

a. **La excepción del contrato no cumplido**: Esta institución se encuentra en el artículo 1552 del Código Civil, que dispone: "En los contratos bilaterales ninguno de los contratantes está en mora dejando de cumplir lo pactado, mientras el otro no

---

entre el vendedor y el comprador para fijar el día y hora de la colección por el comprador (artículo 685 inciso 2°). Todo esto es legal y hasta el momento no es necesario recurrir a la buena fe. Supongamos que el mencionado acuerdo se produce, y en el día y hora señalados, el comprador se presenta en el predio al que las cosas compradas pertenecen, acompañado de una brigada de trabajadores con vehículos aptos y otras herramientas e instrumentos apropiados para tronchar frutos, extraer piedras o talar árboles. El vendedor exige, empero, que sea el comprador en persona el que haga las respectivas operaciones con instrumentos manuales, y no quiere admitir la entrada de los trabajadores ni de los vehículos e instrumentos pesados, alegando que la tradición se hace de vendedor a comprador. Con razón el juez condenará a este vendedor por haber infringido la buena fe del contrato, puesto que, como el recurso a muchos operarios y a ciertos instrumentos es necesario para tronchar, extraer o talar frutos, piedras o árboles, de la naturaleza de la obligación de hacer la tradición de tales cosas vendidas, emana la necesidad para el vendedor de permitir al comprador el empleo de los mencionados recursos y, por ende, la obligación a ello" (*Op. Cit.*, p. 17).

253 Fueyo, *Instituciones…*, p. 187.

254 Un reciente estudio de la materia, analizado desde la perspectiva de los deberes del acreedor en los contratos bilaterales, se encuentra en Prado López, Pamela, *La colaboración del acreedor en los contratos civiles*, Thomson Reuters, 2015. Esta autora afirma que "Es posible diferenciar entre obligaciones primarias, primordiales o principales, que son aquellas que efectivamente permitirán a las partes ver satisfechos los intereses que persiguen con la celebración del contrato, y deberes secundarios o instrumentales de conducta, que tienen una finalidad funcional, en tanto posibilitan que las obligaciones primordiales se cumplan" (p. 269). Y agrega que "los efectos que produce la inobservancia de la colaboración debida en tanto deber secundario o funcional de conducta, pueden ser analizados en dos ámbitos: efectos que se producen en la propia obligación del deudor; y efectos referidos al incumplimiento contractual del acreedor" (p. 274).

255 Advirtamos que estas dos instituciones, si bien se aplican sólo a los contratos bilaterales, serán estudiadas por su gran importancia práctica. Con esto no queremos reducir de ningún modo el campo de aplicación de la buena fe contractual, que alcanza a toda clase de contratos.

lo cumple por su parte, o no se allana a cumplirlo en la forma y tiempo debidos". La excepción de contrato no cumplido implica que la mora de uno de los contratantes sanea la mora del otro, esto es, "la mora purga la mora". La doctrina nacional señala que, para que proceda esta excepción, es necesario, primeramente, que se trate de un contrato bilateral; además es necesario que las obligaciones recíprocas deban cumplirse simultáneamente; por último, no es necesario que el hacedor haya cumplido su obligación correlativa, pues basta que éste pronto o llano a cumplirla.

Para Fueyo, esta es una de las instituciones que "resguardan y reconfirman" a la buena fe contractual, pues "el art. 1552, al supeditar el cumplimiento de uno de los contratantes al cumplimiento del otro, está corroborando el principio supremo del cumplimiento de buena fe. En efecto, la debida lealtad y honradez en el comportamiento de los contratantes se resguarda en la citada disposición, desde que se le autoriza al contratante para "dejar de cumplir" mientras su contraparte no cumpla en la forma y tiempo debidos. Lo que normalmente sería incumplimiento, en este caso no lo es. Precisamente porque debe correrse la suerte de los contratos bilaterales, teniendo por causa, cada una de ellas, la prestación contrarias".[256] Este es también el parecer de nuestra jurisprudencia[257], que recientemente ha fallado: "La excepción de contrato no cumplido, universalmente conocida como "exceptio non adompleti contractus", institución característica de los contratos bilaterales o sinalagmáticos, cuya fundamentación radica en la teoría de la causa y el principio de la buena fe que debe presidir la ejecución de los contratos, se traduce, en los términos del artículo 1552 del Código Civil, que lo consagra dentro de nuestro ordenamiento positivo, en que ninguna de las partes contratantes está en mora, dejando de cumplir lo pactado, mientras la otra no lo cumple a su vez, o no se allana a cumplirlo en la forma y tiempo debidos"[258].

---

256 Fueyo, *Instituciones...*, pp. 201-202.

257 Desde comienzos del siglo XX nuestra jurisprudencia relacionó la institución de la excepción de contrato no cumplido con la buena fe. En un fallo de 1901, la Corte de Apelaciones de Santiago falló: Para interpretar correctamente los contratos civiles, hay que considerarlos en conjunto, como si sus diversas partes constituyeran un todo indivisible de modo que resulte la debida correspondencia y armonía entre todas y cada una de sus cláusulas, debiendo todavía atenderse más que a lo literal de las palabras a la intención de los contratantes claramente conocida. Mientras los arrendatarios no constituyan su personería con arreglo al contrato, no puede exigirse del subarrendador que haga entrega del fundo en condiciones diversas de las estipuladas, tanto porque los contratos deben ejecutarse de buena fe como porque cuando son ellos bilaterales, ninguno de los contratantes está en mora dejando de cumplir lo pactado, mientras no lo cumplan por su parte, o no se allanen a cumplirlo en la forma y tiempo debidos. (*GAT*, 1901, N° 5879, Primer semestre, Corte de Apelaciones, Secc. Civil, p. 104).

258 C. San Miguel, *GJ* N° 203, 1997, p. 115.

Pero esta norma, además de encontrar su fundamento en la buena fe (función informadora), debe ser interpretada de buena fe, lo cual significará que no cualquier incumplimiento purgará la mora de la contraparte. En este sentido, la buena fe impide abusar de esta institución a quien, intentando salvaguardar su retraso moroso, saca a la luz un incumplimiento insignificante de su contraparte. En el sentido inverso, no puede una parte estimar que no se encuentra en mora si su cumplimiento ha sido sólo "literal", y no ha cumplido según el deber de cooperación y de satisfacción del interés ajeno.

b. **La condición resolutoria tácita:** Esta institución se encuentra consagrada en el artículo 1489, que dispone: "En los contratos bilaterales va envuelta la condición resolutoria de no cumplirse por uno de los contratantes lo pactado", agregando su inciso segundo: "Pero en tal caso podrá el otro contratante pedir a su arbitrio o la resolución o el cumplimiento del contrato, con indemnización de perjuicios". Creemos que esta institución también encuentra su fundamento en la buena fe, pues en los contratos bilaterales cada parte se obliga en vista de la obligación recíproca que la otra parte contrae, y la buena fe da la posibilidad a quien ha cumplido con su obligación de exigir la resolución del contrato o bien para exigir su cumplimiento.

Parte de la doctrina nacional estima que basta cualquier incumplimiento para que opere la condición resolutoria tácita. En este sentido, MEZA BARROS señala que "la ley no ha distinguido y, por tanto, cualquier incumplimiento de las obligaciones que el contrato impone autoriza para pedir su resolución. No importa cual sea la magnitud de la infracción, ni la importancia de la obligación violada. El juez no puede excusarse de pronunciar la resolución, a pretexto de que el incumplimiento es parcial y de que la obligación incumplida es de importancia secundaria"[259]. Por otra parte, hay quienes, tomando la división que nuestro artículo 1444 realiza entre cosas de la esencia, de la naturaleza y cosas accidentales del contrato, sólo procedería cuando se incumplen con las "cosas de la esencia" de la obligación (otros estiman que se extiende al incumplimiento de las "cosas de la naturaleza").

Creemos que ninguna de estas dos interpretaciones son correctas, pues contrarían a la buena fe. En nuestro concepto, en virtud de la buena fe pueden considerarse como cumplida una obligación, pese a que el obligado incurra en

---

259 MEZA BARROS, Ramón, *Manual de Derecho Civil. De las Obligaciones*, Editorial Jurídica de Chile, Novena Edición, Santiago, 1997, p. 82.

ligeras transgresiones (y en la medida que haya satisfecho el interés de su contraparte). Pensemos por ejemplo, en que falte una mínima parte para realizar el cumplimiento o cuando hay un leve retraso en el cumplimiento, que en definitiva no afectan en lo absoluto la economía del contrato, en vistas de que quedo completamente satisfecho el interés del acreedor. En este sentido, BARROS señala que "resulta contrario a la buena fe que una parte se resista a cumplir con su parte en el contrato o demande su resolución en razón de un pequeño incumplimiento que resulta accidental en el contexto general de la operación"[260]. En estos casos, el autor estima que se configuraría un abuso del derecho, por transgredir a la buena fe[261].

Para finalizar este apartado, se debe indicar que la jurisprudencia dictada acerca del rol de la buena fe en la etapa de ejecución del contrato es extraordinariamente abundante. Sólo por citar uno de los más recientes pronunciamientos sobre la materia, se destaca que la Corte Suprema ha resuelto: "Que, manifestaciones concretas de la buena fe se advierten en todo el proceso iter contractual. En efecto tanto en la etapa de los tratos preliminares, como en el instante de la celebración, en el cumplimiento y también en las relaciones post contractual [...] En relación a la fase de ejecución de los contratos, la responsabilidad civil por incumplimiento es más amplia si la incorrección o deslealtad del deudor llega a ser constitutiva de dolo, al tenor del artículo 1558 del Código Civil, porque en ese evento no sólo debe responder por los perjuicios previstos, sino que también por los imprevistos, que sean una consecuencia inmediata o directa del incumplimiento. A su vez, también pueden entenderse derivadas de la buena fe contractual la excepción de contrato no cumplido y las reajustabilidades e indemnizaciones por la mora en el pago de una obligación dineraria de origen contractual"[262].

---

260 BARROS, *Op. Cit.*, p. 17.

261 Un interesante análisis sobre la buena fe y la resolución se encuentra en José MÉLICH-ORSINI, *La resolución del contrato por incumplimiento*, Editorial Témis, Carácas, 1982, pp. 221 y ss., quien señala que la buena fe del actor es una exigencia para la procedencia de la acción de resolución del contrato. "El principio de la buena fe en la ejecución del contrato se refleja de modo especial en las condiciones del ejercicio de la acción de resolución al someter al acreedor que quiera hacer valer esta acción, a no hacerse justicia por si mismo y al prestar, a la vez, un sólido fundamento al juez para rechazar aquellas acciones de resolución deducidas no obstante la insignificancia del incumplimiento o la imputabilidad al propio demandante del incumplimiento invocado".

262 Corte Suprema, 2 de septiembre de 2014, LegalPublishing, Cita Online CL/JUR/6172/2014.

§ 4. LA BUENA FE UNA VEZ TERMINADO EL CONTRATO

Una vez cumplida la prestación, y satisfecho debidamente el interés de ambas partes, el contrato muere, termina, se liquida o concluye. A primera vista esto nos indicaría que ya no existe obligación alguna entre ambas partes, y por lo tanto la situación posterior a la ejecución del contrato no sería de ningún interés. Sin embargo, después de concluido el contrato pueden subsistir ciertos deberes especiales derivados de la buena fe contractual, pero estos deberes ya no serán de "prestación" (pues ésta ya se realizó), y por lo tanto serán de "protección", relativos al vínculo contractual ya desaparecido. JORDANO FRAGA explica estos deberes postcontractuales señalando que la buena fe, a través de su función integradora del contrato, amplía la relación obligatoria, y "esta concepción amplia de la relación obligatoria, explica la supervivencia de la misma después del incumplimiento o imposibilidad de la prestación primaria, cuando permanezca un interés del acreedor o del deudor digno de tutela jurídica según un juicio de buena fe en orden a las respectivas posiciones de las partes"[263]. Para este autor, la infracción de estos deberes postcontractuales basados en la buena fe dan lugar a responsabilidad contractual, pues precisamente estos deberes se basan en la relación obligatoria.

Por su parte, BETTI examina esta etapa focalizándose en un término del contrato por incumplimiento. De este modo, señala que "la buena fe entra en juego en la fase patológica del incumplimiento, en la que ya no se trata de satisfacer las recíprocas expectativas, y, por tanto, la buena fe ya no puede jugar con función positiva, como compromiso de cumplir, pero sin embargo sigue existiendo un contacto social entre las dos esferas de intereses contiguas del acreedor y del deudor; al acreedor aún cuando queden insatisfechas sus expectativas, no puede considerarse, en cierto modo, como en estado de guerra con el deudor y comportarse de tal modo que aumente el daño del incumplimiento, desinteresándose de las consecuencias perjudiciales que su indeferencia produce en la esfera de los intereses de la otra parte. Hay aquí una exigencia de corrección que le impone, incluso en esta fase, buscar el modo de limitar los daños derivados del incumplimiento"[264].

Nosotros estimamos que estos deberes postcontractuales existen cualquiera que sea la situación de extinción de la relación contractual, ya sea que la terminación sea fruto del cumplimiento o bien del incumplimiento del contrato. Estos deberes generalmente van a tener un carácter negativo, y se traducirá, como señala

---

263 JORDANO FRAGA, *Op. Cit.*, pp. 140-141.

264 BETTI, *Op. Cit.*, p. 117.

Larenz, en que los contratantes "omitan toda conducta mediante la cual la otra parte se vería despojada o vería esencialmente reducidas las ventajas ofrecidas por el contrato".[265] Los deberes que surjan después de terminado el contrato dependerán obviamente de las circunstancias. Así, López Santamaría[266], citando a Puig Bruteau, señala el caso de que después de terminado un arrendamiento de oficinas o locales comerciales, el propietario tiene la obligación jurídica de permitir a su antiguo arrendatario colocar un rótulo o aviso en la puerta del inmueble que ocupaba, anunciado el lugar al que se ha trasladado. Por otra parte, el autor nacional recién citado destaca el deber postcontractual de guardar reserva y secreto de la información que los contratantes hubieren conocido con motivo u ocasión del contrato celebrado o ejecutado, y cuya difusión o conocimiento por terceros puedan dañar a la contraparte (es interesante notar que este deber también se encuentra presente desde antes de la iniciación del contrato, en las tratativas preliminares).

Finalmente, estamos por creer que la infracción de estos deberes acarrea una responsabilidad de carácter contractual, pues se trata de deberes que "subsisten" de la vinculación jurídica anterior, y que se siguen debiendo precisamente por el hecho de que existió un especial contacto (un contrato) entre las esferas de intereses de acreedor y deudor.

Si bien esta materia ha sido poco tratada en nuestra jurisprudencia, recientemente la Corte Suprema dictó un fallo reconociendo estos deberes postcontractuales, indicando al efecto que su vulneración permitían solicitar la indemnización de perjuicios, todo ello en los siguientes términos: ", resulta pertinente recordar que en el caso sub lite los jueces del mérito establecieron el incumplimiento post contractual de la obligación de la institución bancaria de lealtad, probidad y buena fe, deber tutelado por el artículo 1.546 del Código Civil, incurriendo la demandada, además, en una trasgresión al artículo 17 de la Ley 19.628, sobre protección de la vida privada o protección de datos de carácter personal, al haber comunicado información sobre obligaciones de carácter bancario o comercial fuera de los casos en que le era permitido hacerlo, situación que a la luz del artículo 23 del citado cuerpo normativo comporta la obligación de indemnizar "el daño patrimonial y moral que causare por el tratamiento indebido de los datos", añadiendo dicha disposición legal que "la prueba se apreciará en conciencia por el juez"[267]. En línea con tal pronunciamiento, con posterioridad la Corte Suprema ha sentenciado lo

265 Larenz, *Op. Cit.*, p. 156.

266 López, *Op. Cit.*, p. 406.

267 Corte Suprema, 14 octubre 2008, Rol 4.078-07.

siguiente: "Que, manifestaciones concretas de la buena fe se advierten en todo el proceso iter contractual. En efecto tanto en la etapa de los tratos preliminares, como en el instante de la celebración, en el cumplimiento y también en las relaciones post contractual [...] Luego, incluso después de terminar la relación contractual, durante las fases liquidación del contrato el principio en estudio se mantiene, imponiendo deberes que dependerán de las circunstancias. 'Regla general es impedir cualesquier conducta de entre las cuales una parte pudiera disminuir las ventajas patrimoniales legítimas de la otra'"[268].

268 Corte Suprema, 2 de septiembre de 2014, LegalPublishing, Cita Online CL/JUR/6172/2014.

CAPÍTULO VI
PRUEBA DE LA BUENA FE CONTRACTUAL

Tal como hemos señalado en repetidas ocasiones, la buena fe es un principio de carácter necesario, pues, tal como lo señala Larenz "una sociedad en la que cada uno desconfiara del otro se asemejaría a un estado de guerra latente entre todos, y en lugar de paz dominaría la discordia. Allí donde se ha perdido la confianza, la comunicación humana está perturbada en lo más profundo. El imperativo de no defraudar la confianza dispensada y exigida halla su expresión en el Código Civil en la exigencia de observar la buena fe".[269] O bien, tal como lo señalara Rozas, "el legislador no podía partir de otro supuesto; si no supone la buena fe en los contratantes querría decir que la sociedad está formada por delincuentes"[270]. De este modo, aparece como necesario y lógico que nuestro ordenamiento presuma que la generalidad del actuar humano, y específicamente el actuar de las partes en un contrato, se ajusta a la buena fe.

Si bien en el Libro IV de nuestro Código Civil, que trata "De las obligaciones en general y de los contratos" no existe una norma que de manera expresa presuma la buena fe de las partes en un contrato, podemos llegar a esta conclusión, en primer lugar, mediante una interpretación a contrario sensu del artículo 1459, que señala que "El dolo no se presume, sino en los casos especialmente previstos por la ley. En los demás, debe probarse". Si bien creemos que el dolo y la mala fe no son una misma cosa, podemos decir que tienen una serie de semejanzas, y por lo tanto esta norma, al no presumir la mala fe, está, a contrario sensu, presumiendo la buena fe.

Una segunda vía para concluir que la buena fe se presume, se encuentra en el Libro II del Código, en materia de posesión, cuyo artículo 707 señala que "La

269 Larenz, *Op. Cit.*, p. 147.

270 Rozas Vial, Fernando, *La buena fe en el Código Civil*, Informe final de proyecto de investigación de la Pontificia Universidad Católica de Chile, Facultad de derecho, Santiago, 1985, p. 5.

buena fe se presume, excepto en los casos en que la ley establece la presunción contraria". Agrega su inciso segundo: "En todos los otros la mala fe deberá probarse". De este modo, el Código está estableciendo una presunción de carácter simplemente legal, según la clasificación del artículo 47, pues si admite prueba en contrario.

La generalidad de los autores ven en esta norma la presunción expresa de buena fe, dándole carácter de aplicación general, lo cual ha sido discutido por parte de la doctrina. Si bien la discusión se centró en si se debe o no presumir la buena fe en el matrimonio putativo (ex artículo 122 del Código Civil, actualmente regulado en los artículos 51 y 52 de la Ley de Matrimonio Civil), reproduciremos los argumentos más importantes, pues son de aplicación general, y por lo tanto también son plenamente aplicables a los contratos.[271]

Se señalan como argumentos en apoyo a la aplicación restringida los siguientes:

a) Las presunciones legales deben siempre estar establecidas por ley, y por lo tanto son de carácter excepcional, por lo que deben ser interpretadas de manera restrictiva, sin poderse ampliar sus efectos. Por lo tanto, esta presunción sólo se aplica a la posesión, y no a los contratos.
b) A mayor abundamiento, la presunción se encuentra en el Libro II, que trata sobre los bienes, el dominio y demás derechos reales, y no puede aplicarse a materias del Libro IV, porque éste último trata de las obligaciones.
c) Si se aplicara una presunción de buena fe, o bien se está alentando a la negligencia en el cumplimiento de la ley, o bien se está protegiendo la acción de inescrupulosos.

Como contraparte, somos de la opinión, al igual que nuestra jurisprudencia[272], que la presunción establecida en el artículo 707 es de carácter general, y por lo tanto plenamente aplicable al artículo 1546, por los siguientes motivos:

---

271 En esta materia, seguiremos a Medina, *Op. Cit.*, pp. 45 y ss.

272 La Corte Suprema, pronunciándose acerca de la aplicabilidad del art. 707 en materia de matrimonio putativo, ha señalado que "atendido los términos tan generales y comprensivos del art. 707 del Código Civil, parece incuestionable que debe aplicarse todos los casos de tal exigencia legal aunque se encuentre en el título de la "posesión" y de sus diferentes calidades título que también alude al justo error en materia de hecho, que es uno de los requisitos del matrimonio putativo" (*RDJ*, T. 33, secc. I, p. 73). Pueden encontrarse otros fallos que hacen aplicable la presunción del art. 707 a la generalidad del ordenamiento, por ejemplo en materia de cerramiento (Libro de Registro de Sentencias Civiles de la Corte Suprema, 1-3, Octubre, 1998. 14.10.1998); en materia de mandato (*RDJ*, t. 85, N° 2, secc. 2, p. 61); en materia de compraventa (*RDJ*, t. 74, 1977, N° 1, secc. I, p. 166).

a) Porque, como partimos señalando al principio de éste capítulo, aparece como necesario y lógico que nuestro ordenamiento presuma que la generalidad del actuar humano, y específicamente el actuar de las partes en un contrato, se ajusta a la buena fe. Es absurdo suponer que el legislador cree todo un ordenamiento jurídico sobre la base de la mala fe. En este sentido, es ilustrativa una sentencia argentina que señala: "Presumir la buena fe, no lo es más que una aplicación de la presunción de probidad de la conducta de los particulares, que se proyecta como directiva en todo el derecho. Si se desconociera esta presunción, se produciría un vacío axiológico que de inmediato sería ocupado por su opuesto, el de la mala fe, la de la conducta maliciosa, y por ello no puede ser la regla en el derecho, porque llevaría a pensar mal de toda acción humana"[273].

b) Además, así lo entiende el Code Civil francés, fuente inspiradora de nuestro Código, pues el art. 2268 dispone: "La buena fe se supone siempre y quien alega la mala fe deberá probarla".

c) Porque, mediante esta interpretación, se logra una debida coherencia entre el artículo 707, que presume la buena fe, y el artículo 1459, que señala que el dolo no se presume. Por lo demás, este es el resultado de aplicar la regla de interpretación de la ley contenida en el inciso primero del artículo 22, que señala que "El contexto de la ley servirá para ilustrar el sentido de cada una de sus partes, de manera que haya entre todas ellas la debida correspondencia y armonía".

d) Por lo demás, no sería la primera vez que el Código consigna en un título especial una prescripción de carácter general (por ejemplo, la prueba de las obligaciones se aplica a la prueba de toda clase de derechos).

e) Por su parte, el artículo 24 del Código señala que "en los casos a que no pudieren aplicarse las reglas de interpretación precedentes, se interpretarán los pasajes obscuros o contradictorios del modo que más conforme parezca al espíritu general de la legislación[274] y a la equidad natural", y ante la duda

273 1° Inst., Juzgado Civil y Com., 21 Nominación, Córdoba, firme, 28/3/85, "Belver Hnos. c. Martinello, Nelson", LLC 986-180.

274 También el espíritu general de la legislación nos daría luces acerca de la presunción general de buena fe, al existir normas que la suponen. A modo de ejemplo podemos mencionar al artículo 1739, relativo a la sociedad conyugal, que en su inciso 4° señala: "Tratándose de bienes muebles, los terceros que contraten a título oneroso con cualquiera de los cónyuges quedarán a cubierto de toda reclamación que éstos pudieren intentar fundada en que el bien es social o del otro cónyuge, siempre que el cónyuge contratante haya hecho al tercero de buena fe la entrega o la tradición del bien respectivo"; el inciso siguiente señala: "No

si debe o no presumirse la buena fe en todas las instituciones jurídicas, la equidad aconseja inclinarse por la primera afirmación.

f) Por último, empleando un método de interpretación literal, se llegará a esta conclusión. Veamos: el artículo 707, después de presumir –en términos genéricos– la buena fe, señala "excepto en los casos en que la ley establece la presunción contraria". Como puede apreciarse, la ley da a entender que existe más de un caso de excepción, y podemos observar que en el título de la posesión sólo existe el caso del inciso final del artículo 706. Por lo tanto, el artículo 707, al hablar de "los casos", se está refiriendo a disposiciones fuera del título de la posesión en que se establece una presunción contraria, como es el caso de los artículos 94 N° 6 y 2510 N° 3 del Código Civil.

En conclusión, podemos afirmar que la norma del artículo 707, que establece una presunción de la buena fe, es de carácter general, y por lo tanto, plenamente aplicable a las relaciones contractuales, lo que se traducirá en que se presume legalmente que cada una de las partes del contrato, sea acreedor o deudor, actuó de buena fe, y por lo tanto, su mala fe debe ser probada por quien la alega. Por lo demás esta es la interpretación uniforme de nuestra jurisprudencia, como ya se señaló anteriormente. De esta manera, parece acertado el viejo adagio que señala "*Bona fides semper praesumitur, nisi mala adesse probetur*": "La buena fe se presume siempre, si no se prueba la existencia de la mala" (Dino: Comm. In reg, iuris pont., r. 82, 5).

Para finalizar este capítulo, analizaremos si es posible darle también carácter general al inciso final del artículo 706, que señala: "pero el error en materia de derecho constituye una presunción de mala fe, que no admite prueba en contrario". En esta norma, se presume de derecho la mala fe de quien invoca un error de derecho, lo cual puede coordinarse con el artículo 8, que establece que "nadie podrá alegar ignorancia de la ley después que ésta haya entrado en vigencia". Si bien parte de nuestra doctrina y jurisprudencia estima que esta norma es de carácter general, a nuestro entender esta disposición es de carácter específico, y

---

se presumirá la buena fe del tercero cuando el bien objeto del contrato figure inscrito a nombre del otro cónyuge en un registro abierto al público, como en el caso de automóviles, acciones de sociedades anónimas, naves, aeronaves, etc.". Como puede apreciarse, en este caso el Código parte de la base (esto es, presume) que el tercero contratante se encuentra de buena fe, y no la presume cuando se han cumplido ciertas medidas de publicidad. Esto es claro por los términos empleados por el artículo 1739, que señala "no se presume", con lo cual debemos entender que en todo los demás casos, se deberá presumir la buena fe.

por lo tanto se aplica restrictivamente a la posesión (regular), y por lo tanto no cabe su aplicación en materia contractual, por los motivos que a continuación se señalan:

a) En primer lugar, existe una razón histórica, pues don Andrés BELLO se inspiró para construir el inciso final del artículo 706 en los textos de POTHIER, para quien el error de derecho constituye mala fe únicamente en la posesión.
b) Podemos agregar que el artículo 2268 del Código Civil francés, que fue una de las grandes inspiraciones de BELLO, dispone que: "La buena fe se supone siempre y quien alega la mala fe deberá probarla". Esta norma no distingue entre el error de hecho y de derecho, y por ello la doctrina y jurisprudencia mayoritaria estima que la presunción comprende tanto a quien sufre un error de hecho y de derecho.
c) En tercer lugar, y atendiendo al hecho de que concluimos que la presunción de la buena fe es de carácter general, debemos afirmar que el inciso final del artículo 706 es de carácter excepcional, y por lo tanto su interpretación debe ser restrictiva, con lo cual la presunción de mala fe sólo se aplica a la posesión y nunca a los contratos, a menos que existiese una norma expresa en ese sentido.
d) Confirma la conclusión anterior el artículo 1459, y que se sitúa en materia de obligaciones, pues si se revisa el Libro IV, no existe un caso especialmente previsto que presuma la mala fe en el error de derecho. Así, en el artículo 1452 se señala que "el error sobre un punto de derecho no vicia el consentimiento", pero no implica necesariamente presumir mala fe del contratante víctima del error. Es más, el artículo 2297 señala que "se podrá repetir aún lo que se ha pagado por error de derecho", y, como bien señala MEDINA, "si el error de derecho constituyera en mala fe al que lo comete, no se habría dado lugar a la repetición de este caso, o por lo menos podían haberse establecido reglas diferentes para ambas especies de errores"[275].
e) Nuestra jurisprudencia[276] apoyaría esta solución, pues ha señalado que si el inciso cuarto del artículo 706 fuera de aplicación general y, por consiguiente se aplicara a los contratos, resultaría el absurdo jurídico de que por el sólo hecho de declararse la ilegalidad de ellos, se declararía también la

275 MEDINA, *Op. Cit.*, p. 58.

276 MEDINA señala tres sentencias de la Corte e Apelaciones de Concepción, que se encuentran en Gaceta 1895, sent. 2518, p. 487; *Gaceta* 1895, sent. 1840, p. 12; Gaceta 1894, sent. 773.

mala fe de las partes, ya que por tratarse de un error de derecho no le sería permitido probar lo contrario. Entendidas así las cosas, parece acertado el adagio acuñado por Bartolo: "*Error iuris non inducit malam fides*" ("El error de derecho no implica mala fe").

CAPÍTULO VII

LA MALA FE CONTRACTUAL

§ 1. CONSIDERACIONES PREVIAS

Hasta este punto ya hemos analizado el concepto, contenido y funciones de la buena fe contractual, señalando que es un principio general del derecho que evoca a las ideas de corrección, lealtad, rectitud y cooperación entre las partes, y opera de múltiples formas en la relación contractual, a saber, como un patrón de conducta a seguir por las partes, integrando lagunas contractuales, y de modo muy excepcional modificando e incluso extinguiendo la prestación debida. Así, la buena fe se nos presenta como un concepto autónomo, y que por lo tanto posee una significación propia. Por lo dicho anteriormente, podemos concluir que lo opuesto a la buena fe, esto es, la mala fe contractual, también debe necesariamente ser un concepto autónomo.

Por mala fe contractual debemos entender todo aquello que se oponga a la buena fe contractual. La afirmación anterior parece un tanto obvia a primera vista, pero aún así creemos que la doctrina y jurisprudencia no es clara en la materia. Si decimos que la buena fe contractual es un principio de carácter ético-social, necesariamente, para descubrir un actuar de mala fe, también deberemos recurrir a conceptos éticos, y no meramente psicológicos, pues, como sabemos, la concepción psicológica de la buena fe se encuentra ya superada, y por lo tanto también deberemos abandonarla en materia de buena fe. Como indica REZZÓNICO, "ambos puntos pueden concebirse como las dos caras de una misma medalla: la parte de la buena fe nos mostrará un rostro lozano, sereno, invitando a compartir una misma y diáfana verdad; la cara de la mala fe exhibirá un aspecto indefinido, vago, doble, por momentos cambiantes, como son las mil máscaras de la astucia y la deslealtad"[277].

---

277 REZZÓNICO, Juan Carlos, *Efecto expansivo de la buena fe*, La Ley T° 1991-C-518, citado ALFERILLO, Pascual Eduardo, *Reflexiones sobre la vinculación de la "mala fe" con los factores de atribución subjetivos*, en Tratado de la Buena Fe en el Derecho, Tomo II, Director Marcos M. Córdoba, Editorial La Ley, 2004, pp. 221-254.

Son pocos los autores que han intentado dar una definición de mala fe. Entre ellos podemos encontrar al ya citado Medina, quien define este concepto señalando que "es la conciencia, reglamentada por la ley, de no haber actuado honesta y lealmente en el ejercicio de la capacidad jurídica, observando todas las condiciones exigidas por la naturaleza del derecho o de la obligación o requeridas para el perfeccionamiento de una situación jurídica determinada".[278] No coincidimos con este autor por diversos motivos: en primer lugar, porque la define como una "conciencia", concepto de carácter puramente psicológico, y que por lo tanto debe ser abandonado. En segundo lugar, no coincidimos con éste autor porque el hecho de definir a la mala fe implica restringirla, lo cual nos parece un error, porque, al igual que la buena fe, es un concepto eminentemente flexible, y que por lo tanto puede darse en múltiples formas. En tercer lugar, la definición dada es de carácter muy reglamentario y legalista, en circunstancias que la mala fe, al igual que su antítesis, puede manifestarse en innumerables formas.

En nuestro Código Civil, el término mala fe es empleado casi tantas veces como el de la buena fe[279], para las más diversas materias y dándole diversas funciones, que en general implican desproveer de la protección que se otorga a quien se condujo de acuerdo al principio materia de este trabajo. Ahora bien, en lo que interesa, el Código Civil contiene diversas normas en las que se refiere expresamente a la buena fe como un factor de imputabilidad que da lugar a responsabilidad civil e impone el deber de indemnizar perjuicios. Así ocurre, por ejemplo, en los artículos 197 (sobre ejercicio de mala fe de las acciones de filiación) y 927 (sobre acción posesoria de restitución).

Es por tales casos, en los que se impone un deber de resarcir a quien obró de mala fe, que corresponde analizar si ésta es efectivamente una figura autónoma, o bien se encuentra subsumida en los factores de imputabilidad clásicos, como lo son el dolo y la culpa.

278 Medina, *Op. Cit.*, p. 134.

279 Ver Anexo II.

§ 2. LA MALA FE Y EL DOLO

Debemos en este punto analizar qué relación existe entre la mala fe contractual y el dolo, pues son dos conceptos que generalmente se confunden. En la doctrina extranjera, se han identificado tres corrientes de pensamiento: (i) aquella que indica la mala fe no es igual al dolo, pues es factible que la primera exista sin conocimiento pleno de las circunstancias fácticas relevantes por negligencia o error excusable; (ii) una segunda, que sostiene que la mala fe equivale al dolo, puesto que éste es un sentimiento lato que implica una idea de mala fe, de conducta deliberada contraria a derecho; y (iii) una última, conforme a la cual la mala fe comprende al dolo, ya que la mala fe cubre una amplia gama de situaciones jurídicas y subyace inclusive en multitud de figuras que producen consecuencias autónomas, pero muestran en su trama la presencia de mala fe[280].

En nuestro derecho, la definición legal de dolo la encontramos en el inciso final del artículo 44, el cual señala que "el dolo consiste en la intención positiva de inferir injuria a la persona o propiedad de otro". El dolo, definido de esta manera, no es lo mismo que mala fe, pues si señalamos que la mala fe es todo lo opuesto a la buena fe (lo cual nadie pone en duda), tendríamos que necesariamente concluir que existe buena fe toda vez que hay ausencia de la intención positiva y premeditada de causar un daño a la persona o propiedad de otro, lo cual evidentemente reduciría a la buena fe a un concepto de corrección social mínimo, lo que, como ya hemos visto, no es así, porque la buena fe se manifiesta no sólo de una manera puramente negativa (entendida como el "respeto y conservación de la esfera del interés ajeno"[281]), sino que todo lo contrario, su manifestación más propia es de carácter positivo, esto es, "como una activa colaboración, encaminada a promover su interés"[282].

Además, el asimilar el dolo a la buena fe nos haría concluir que todo el estudio de la buena fe contractual se podría reducir al estudio acabado del inciso final del artículo 44, lo cual no nos parece acertado, pues, como señala Lyon, "la propia buena fe se esfumaría en un incoloro deber social de respeto, cosa que es diferente al planteamiento del propio artículo 1546 antes trascrito, que exige una conducta positiva o negativamente activa y particular según fuere el caso"[283].

---

280 Ver Aleferillo, *Op. Cit.*, pp. 227 y ss., quien a su vez cita a Danz, Cazeaux y Trigo Represas, y a Alterini.

281 Betti, *Op. Cit.*, p.71.

282 Betti, *Op. Cit.*, p.71.

283 Lyon Puelma, Alberto, *Personas Jurídicas*, Ediciones Universidad Católica de Chile, Santiago, 2003, p. 99.

Alguien podría argumentar que sí existe una correlación entre mala fe y dolo debido a una razón histórica, pues en sus orígenes romanos, el método propio de defensa en contra de quien no cumplía con la buena fe (y que por ende actuaba de mala fe) era la exceptio doli. Pero este argumento es fácilmente rebatible, pues, como revisamos anteriormente, esa figura se dio en el Derecho Romano primitivo, donde la buena fe carecía de bastante importancia, y donde no alcanzaba el desarrollo de hoy en día.

Cabe señalar que todo lo antes dicho se refiere al llamado "dolo directo", que se encuentra contenido en el artículo 44. Pero buena parte de la doctrina estima que también hay cabida en nuestro Derecho Civil para el **"dolo eventual"**. En este sentido, RODRÍGUEZ señala que "en la vida real, salvo que se trate de una personalidad perversa, el deudor no deja de cumplir por perjudicar al acreedor, sino para conseguir una ventaja, un provecho, una ganancia o un lucro personal, aun a costa del perjuicio del acreedor, a quien no desea perjudicar, pero acepta hacerlo en función de sus intereses"[284]. En términos muy similares FUEYO expresa que "no se debe creer, pues, que hay dolo sólo porque existe un propósito deliberado de perjudicar al acreedor (animus nocendi), lo cual fuera de ser poco común puede ser hasta enfermizo, sino también, y en la práctica sí ocurre, por la negativa consciente al cumplimiento, pensándose, más que en el perjuicio a otro, en la ventaja pecuniaria que ello puede reportar"[285].

Creemos que la figura del llamado dolo eventual es una contrapartida de la buena fe contractual, y por o tanto es una manifestación de la mala fe contractual, pues implicaría un actuar positivo y desleal en el sentido de defraudar la confianza depositada por la contraparte.

En este sentido podemos citar una sentencia del Tribunal Supremo español, que falló: "Para que exista mala fe no se precisa intención de dañar, bastando infringir de modo voluntaria el deber jurídica que pesa sobre el deudor, con la conciencia de que con su conducta realiza un acto ilícito; o, como ha dicho cierto autor, queriendo una determinada acción, conociendo todas las circunstancias de hecho concurrentes y sus posibles consecuencias"[286].

---

284 RODRÍGUEZ GREZ, Pablo, *La obligación como deber de conducta típica. La teoría de la Imprevisión en Chile*, Facultad de Derecho Universidad de Chile, 1992, p. 49.

285 FUEYO, *Cumplimiento...*, p. 419.

286 TS 4°, S. 23/5/83, ponente: Sr. Martín del Burgo y Marchán, RAJ 1983, 3415.

§ 3. LA MALA FE Y LA CULPA

Consideramos que la mala fe tampoco se agota en el estudio de la culpa, pues, siendo coherentes con nuestros postulados, la buena fe es un concepto de carácter autónomo y con características y funciones propias. Si estimamos que todo actuar culposo es contrario a la buena fe, y por lo tanto es constitutivo de mala fe, nos veríamos en la obligación lógica de afirmar que actúa de buena fe sólo quien obra de manera diligente, lo cual no nos parece acertado, porque los valores ético-sociales de lealtad, rectitud y honradez que envuelve la buena fe van más allá, y por lo tanto son distintos a la diligencia o cuidado que señala el artículo 44.

Podemos ver una similitud funcional entre la diligencia o cuidado (cuyo opuesto es la culpa) y la buena fe contractual (cuyo opuesto es la mala fe): ambos son de patrones de conducta que rigen el actuar de las partes de un contrato, pero no por ello son una misma cosa, pues tienen orientaciones distintas. En este sentido, LYON[287] señala que "el ejercicio descuidado debe descartarse como causal de infracción a las obligaciones que imponen los contratos por aplicación del art. 1546, pues, por lo mismo que sería culpable, no se opondría a la buena fe y recibiría una sanción propia no por ser contrario a la misma, sino por haberse obrado con culpa en el cumplimiento de la obligación", concluyendo que "el ejercicio culposo [del principio mayoritario en una sociedad] no se opone a la buena fe, y es sancionado por las normas generales de los contratos".

Para reafirmar nuestra posición, en el sentido de que la mala fe y la culpa no son dos conceptos sinónimos, esgrimiremos los siguientes argumentos:

En primer lugar, nuestro Código Civil, inspirándose en POTHIER (y alejándose en este punto del Code francés), realiza en su artículo 44 una distinción tripartita de la culpa, señalando en sus cinco primeros incisos: "La ley distingue tres especies de culpa o descuido"; "Culpa grave, negligencia grave, culpa lata, es la que consiste en no manejar los negocios ajenos con aquel cuidado que aun las personas negligentes y de poca prudencia suelen emplear en sus negocios propios. Esta culpa en materias civiles equivale al dolo"; "Culpa leve, descuido leve, descuido ligero, es la falta de aquella diligencia o cuidado que los hombres emplean ordinariamente en sus negocios propios. Culpa o descuido, sin otra calificación, significa culpa o descuido leve. Esta especie de culpa se opone a la diligencia o cuidado ordinario o mediano"; "El que debe administrar un negocio como un buen padre de familia es responsable de esta especie de culpa"; "Culpa o descuido levísimo es la falta de

287 LYON PUELMA, *Op. Cit.*, pp. 98-99.

aquella esmerada diligencia que un hombre juicioso emplea en la administración de sus negocios importantes. Esta especie de culpa se opone a la suma diligencia o cuidado".

Como se puede observar, el Código diferencia claramente en tres grados distintos de culpa. En cambio, no existe división alguna de la buena fe, pues es un concepto de carácter indivisible, en el sentido de que no puede exigirse a una persona una buena fe distinta que la que se exige a otra, por ser la buena fe una sola, a diferencia de lo que ocurre con la diligencia, según lo dispone el artículo 1547. El carácter indivisible –que no se opone al carácter flexible– de la buena fe proviene de su propia naturaleza, y por ello la mala fe también tiene ese mismo carácter, a diferencia de la culpa.

Una segunda diferencia la encontramos en la existencia del artículo 1547, el cual, basándose en la triple distinción del artículo 44, establece en su inciso primero de qué culpa deberá responder un deudor, haciendo la siguiente distinción: "El deudor no es responsable sino de la culpa lata en los contratos que por su naturaleza son sólo útiles al acreedor; es responsable de la leve en los contratos que se hacen en beneficio recíproco de las partes; y de la levísima, en los contratos en que el deudor es el único que reporta beneficio". Este artículo marca dos diferencias claras entre buena fe y diligencia: (a) En primer lugar, por su contenido, pues es claro que el artículo 1547, basándose en el carácter tripartito de la culpa contractual, señala que se responderá de una u otra culpa según quien se vea beneficiado por el contrato. En cambio, la buena fe exigible es siempre la misma, sea cual fuere la composición y forma de la figura contractual, pues, como dijimos anteriormente, la buena fe es una; y (b) En segundo lugar, por su ubicación, pues este artículo se encuentra inmediatamente después que el artículo 1546, que establece el principio de la buena fe en materia contractual, y si se estima que no es lógico que el legislador repita una misma norma dentro de un mismo cuerpo legal, menos lógico será que la repita en dos artículos seguidos.

Por último, una tercera diferencia la encontramos en el carácter disponible que tienen las normas sobre la culpa, tal como lo señala el artículo 1547 en su inciso final, que establece: "Todo lo cual, sin embargo, se entiende sin perjuicio de las disposiciones especiales de las leyes, y de las estipulaciones expresas de las partes". En cambio, hemos visto que las normas relativas a la buena fe, y en particular el artículo 1546, es de orden público y por ende inmodificable e irrenunciable.

En cuanto a sus efectos jurídicos, ellos pueden ser de múltiples clases: algunas veces dará lugar a la responsabilidad extracontractual (en la etapa de las tratativas preliminares), otras veces será de carácter contractual (en las etapas de celebración, ejecución del contrato, y también una vez terminado éste), podrá anular de manera absoluta un contrato (por constituir un objeto o causa ilícita), y en general, podemos decir que quien actúa de mala fe, o bien podrá ser sancionado de múltiples formas, o bien carecerá de la protección jurídica que nuestro ordenamiento contempla para quien obró de buena fe.[288]

---

288 MEDINA (*Op. Cit.*, pp. 138 y ss.) distingue, basándose en el Código Civil, entre los distintos efectos jurídicos de la mala fe, distinguiendo los siguientes grupos: (a) Anula los efectos civiles que la ley hace producir a contratos declarados nulos (ex art. 122); (b) Da lugar a la indemnización de perjuicios (artículos 897, 904, 898, 906, 1267, 1268,1814, 1861, 2187 y 2300); (c) Obliga a la restitución (artículos 907, 1490 y 2070); (d) Es la causa de remoción de la administración de tutores o curadores y de la pérdida de emolumentos de los mismos (artículos 426 y 512); (e) Motiva la pérdida de ciertos derechos (artículos 646, 658, 662, 663, 910, 1852, 2089, 2173 y 2339); (f) Da origen a acciones que de no existir la mala fe no procederían (artículos 900, 976, 1490, 1865, 1876, 1882 y 2303); (g) Motiva la pérdida de beneficios especiales establecidos por la ley (artículos 1256 y 1626 N° 6); (h) Se excluye al que obra de mala fe de ciertas excepciones establecidas a favor del que actúa de buena fe (artículos 1575 y 2122); (i) Produce la invalidez de ciertas convenciones y actos (artículos 1842, 1859 y 2110); (j) Da lugar a la revocación y a la rescisión de ciertos actos y contratos (art. 1790); (k) Crea obligaciones (artículos 1849 y 1850).

CAPÍTULO VIII
LA BUENA FE CONTRACTUAL Y LA SEGURIDAD JURÍDICA

Queremos terminar este trabajo realizando una pequeña reflexión acerca de la relación que existe entre el principio general de la buena fe y la seguridad jurídica. A lo largo de nuestro estudio hemos afirmado que la buena fe tiene una real fuerza normativa, al igual que lo tiene la ley positiva. De ahí que muchas veces una persona pueda verse obligada a más de lo que originalmente pretendió, pues, como vimos, la buena fe, como estatus o modelo de conducta, cumple una función creadora de ciertos deberes especiales. A la vez este principio puede muy excepcionalmente modificar el contenido de la prestación, y en algunos casos más extremos puede llegar a liberar al deudor de cumplir con su prestación. Todas estas conclusiones nos podrían hacer pensar que la buena fe iría en una directa contradicción con otro principio jurídico que es pilar de nuestro ordenamiento jurídico: la seguridad jurídica, pues ya no existiría certeza alguna acerca del fallo que recaerá en un determinado caso, erigiéndose el juez como un creador del Derecho. De este modo, existiría una gran imprevisibilidad, lo que atenta directamente contra la seguridad jurídica.

Frente a esta supuesta contradicción, algunos autores, como GALGANO[289], buscan una armonía entre la buena fe y la seguridad jurídica a través del precedente jurisprudencial. Señala este autor que si bien es efectivo que el fallo judicial tiene como límite de su eficacia al las partes del pleito, no es menos cierto que si los jueces ya han decidido de un modo determinado, probablemente, lo seguirán haciendo de la misma manera. Por lo tanto, esos fallos son también una previsión de probabilidad en la que se confía, sobre la base de la cual se elabora el contenido de los contratos y se dan pareceres legales a los operadores económicos. SAAVEDRA, teniendo en vista el pensamiento anterior, concluye que "las exigencias que el

289 GALGANO, citado por SAAVEDRA, *Op. Cit.*, p. 361.

Derecho sea cierto y estable, por un lado, y justo y adecuado a la realidad, por otro, son complementarias y no excluyentes; y es justamente el principio general de la buena fe el que resuelve el posible conflicto, al actuar como suplemento de la norma jurídica"[290].

Estimamos que la discusión no se resuelve a través del expediente del precedente jurisprudencial, pues en nuestro sistema la jurisprudencia, por muy uniforme que sea, no tiene fuerza normativa ni obliga a resolver de acuerdo a ella, por lo que no logra conciliar y armonizar bien el tema.

En nuestra opinión, el tema debe resolverse teniendo a la vista cual es el valor actual de los principios generales del Derecho (y, por ende, de la buena fe contractual). García de Enterría[291] señala que la extraordinaria movilidad de las leyes, que parte de la creencia de que las leyes son capaces de resolver todos y cada uno de los problemas que presenta sin cesar una cambiante sociedad, ha venido a hacer imposible el positivismo como método, produciéndose una real desvalorización de la ley positiva. El connotado autor español estima que este tipo de producción masiva del Derecho afecta gravemente al propio basamento del sistema jurídico y a sus dos valores centrales, la justicia y la seguridad jurídica. De ahí que debamos volver los ojos hacia los principios generales del derecho, que aparecen como un condensado ético de la justicia y como reguladores de todas y cada una de las instituciones positivas de un ordenamiento. Concluye el citado autor que sin la idea de los principios generales del Derecho no es posible siquiera comprender la más elemental de sus instituciones. La idea anterior se ve confirmada en el hecho de que las leyes positivas hacen una constante referencia a los principios (que ejemplo más claro que el artículo 1546 del Código Civil).

En fin, la tan ansiada certeza, hoy en día ya no la encontramos en el inmenso universo de leyes positivas, las cuales son desconocidas por la generalidad de la sociedad, y en las cuales podemos encontrar múltiples contradicciones y yerros. Hoy, la certeza se encuentra en los principios generales del derecho, y en lo que interesa, en la buena fe, que aparece de modo evidente para toda persona. En la sociedad actual, la comunidad exige que nuestros tribunales apliquen real justicia (un "Derecho Justo" diría Larenz), sancionando a aquel que se esconde tras la literalidad de la ley (fraude a la ley), evitando que el titular ejercite de manera abusiva

290 Saavedra, *Op. Cit.*, p. 361.

291 García de Enterría, Eduardo, *Justicia y seguridad jurídica en un mundo de leyes desbocadas*, Editorial Civitas, Madrid, 2000.

su derecho subjetivo o bien que se contradiga en su actuar anterior (teoría de los actos propios), etcétera. La guía que el juez, con criterio, prudencia y sabiduría, deberá seguir para sancionar estos y muchos otros casos, entregando justicia y seguridad a la vez, será el principio general de la buena fe.

CONCLUSIONES

"Fundamentum est iustitiae fides, id est dictorum
conventorumque constantia et veritas"
("El fundamento de la justicia es la buena fe, es decir,
la fidelidad y la sinceridad de las palabras y de los acuerdos")
CICERÓN, De off., 1, 7 23.

1. Los **principios generales del derecho** son ciertas directrices anteriores y superiores al ordenamiento positivo, y que por lo tanto no requieren de una necesaria consagración positiva para cumplir sus funciones informadora, integradora e interpretativa. Son ciertas ideas normativas de orden general, anteriores al ordenamiento positivo, y que lo informan en su totalidad. Son, además aquello que le da la debida coherencia y unidad a nuestro ordenamiento jurídico.

2. Frente a una contradicción entre una ley particular y un principio general del derecho, debe prevalecer, por seguridad jurídica, la primera. En estos casos la superioridad de los principios respecto de la ley se manifiesta en el hecho de que la ley que atente contra uno de los principios deberá ser interpretada conforme a ellos.

3. En cuanto a la **naturaleza jurídica de los principios generales del derecho**, éstos constituyen norma jurídica en sentido sustancial, de aplicabilidad directa, sin necesidad de una consagración legal, pero se diferencian de la ley por su forma.

4. Los principios generales del derecho, por su naturaleza normativa, tienen una real **potencialidad jurígena**, que le permite ser fuente de derechos, obligaciones y deberes de conducta concretos, plenamente exigibles por las partes de una relación contractual.

5. Los principios generales del derecho cumplen con una **triple función** en relación con el ordenamiento jurídico: son su fundamento (función informadora), suplen los vacíos o lagunas legales (función integradora) y constituyen una eficiente herramienta para su interpretación (función interpretativa).

6. Si bien en el Código Civil no existe una norma positiva que consagre a los principios como fuentes formales del derecho, podemos concluir, al igual que la generalidad de la doctrina y jurisprudencia nacional, que sí lo son, principalmente, porque los tribunales, por el principio de inexcusabilidad deben necesariamente remitirse a ellos, y porque se encontrarían contenidos en lo que el artículo 24 del Código Civil llama "espíritu general de la legislación".

7. Por su parte, la buena fe es un concepto de **contenido ético y social** anterior al Derecho, que representa ciertos valores de carácter necesario para el adecuado funcionamiento de la sociedad, tales como lealtad, rectitud, honradez, cooperación, etcétera. Además podemos concluir que la buena fe es un principio general del derecho, cualquiera que sea la doctrina que ocupemos (iusnaturalista, positivista o culturista).

8. La buena fe, en el campo del Derecho, se impone como un **patrón de conducta** que debe ser seguidos por todas las personas en todas sus actuaciones de significación jurídica. Debe además señalarse que, por su especial configuración, la buena fe es un principio de carácter **flexible**, lo que le permite manifestarse de diversas formas y regular múltiples situaciones.

9. Por ser un principio general del derecho, la buena fe cumple la **funciones informadora, integradora e interpretativa** de todo el ordenamiento jurídico. Además, cumple una serie de funciones que le son propias, entre ellas, es un límite al ejercicio de los derechos subjetivos, prohíbe contradecir un obrar anterior, protege a quien sufre de un error excusable, justifica y válida el actuar de quien se baso en una apariencia, y es un patrón de conducta plenamente exigible.

10. La buena fe es un principio de **carácter unitario**, pues siempre alude a los mismos valores ético-sociales. Sin perjuicio de lo anterior, por el hecho de ser un principio flexible, puede manifestarse de diversas formas en nuestro ordenamiento jurídico, apareciendo como un presupuesto de una determinada

norma o bien regulando ciertas situaciones. Otra consecuencia del carácter unitario de la buena fe consiste en desechar las doctrinas que dividen a la buena fe en objetiva y subjetiva, porque la buena fe siempre incorpora, en todas sus manifestaciones y aplicaciones, una unidad de significación, ética, valorativa y normativa, aunque cambien los presupuestos sobre los que se establezca.

11. El principio general de la buena fe contractual tiene sus **orígenes** en el derecho Romano, que distinguía entre los "stricti juris negotia", que engendraban obligaciones precisas y taxativamente prefijadas de carácter unilateral, y los "bonae fidei negotia", que eran de carácter bilateral, y que obligaban no sólo a lo que en ellos se hubiese estipulado expresamente, sino que además engendraban obligaciones indeterminadas cuya fuente era precisamente la buena fe.

12. El **artículo 1546 del Código Civil**, que contiene el principio de la buena fe en materia contractual, es una norma de carácter imperativo, pues ordena, en principio, que los contratos se ejecuten de buena fe. De ello se deriva que su infracción sea sancionada de múltiple formas. Además, esta norma es de orden público (aunque inserta en el Derecho Privado), por lo que tiene carácter irrenunciable e indisponible para las partes. Por último, se trata de una norma de carácter general, lo que significa que: (i) Se aplica a todo clase de contrato, cualquiera que sea su especie; (ii) Se aplica a toda persona envuelta en el contrato; (iii) Es comprensiva de todas las funciones de la buena fe contractual; (iv) Pese a su tenor literal, puede aplicarse a todas las etapas del contrato.

13. La buena fe, en el ámbito contractual, constituye un modelo de conducta que revaloriza y modaliza a las posiciones de todas las partes, pasando a formar parte del contenido del negocio, con el objeto de evitar que, bajo la apariencia de un respeto a su tenor estricto, se lesione el interés del acreedor a ser satisfecho o del deudor a no sacrificarse más allá de lo razonable. De este modo, la buena fe se presenta como un **deber de cooperación recíproco** que se impone a las partes del contrato para así cumplir de modo positivo la expectativa de la otra parte. La buena fe contractual impondrá al deudor el deber de satisfacer la legítima expectativa del acreedor, e impondrá a este último el deber de ejercer sus derechos según la confianza depositada por el deudor. En síntesis: "El principio de la buena fe, debe ser aplicado y

respetado por las partes en todos los contratos que celebren y en todas sus etapas"[292].

14. En materia contractual, a buena fe cumplirá, en primer lugar, una **función integradora del contrato**, que se manifestará en un doble sentido: (a) integrará los vacíos que presente el contrato y (b) creara especiales deberes de conducta que serán plenamente exigibles por los contratantes. Tal exigibilidad se explica a su vez por dos motivos: primero, por el hecho de que la buena fe es un principio general del Derecho, y como tal tiene plena fuerza normativa sin necesidad de consagración positiva; y segundo, porque así lo dispone de manera expresa nuestro ordenamiento jurídico en el artículo 1546 del Código Civil (debe recalcarse que la fuerza normativa del principio de la buena fe existe sin necesidad de consagración positiva; por lo tanto, el art. 1546 solamente reafirma el principio).

15. Por otra parte, la buena fe contractual se constituye como un **límite a la autonomía privada**, ejerciendo así una función correctora. Los particulares encuentran en la buena fe –sea que se entienda formando parte de las buenas costumbre o bien del orden público– un límite a su capacidad de autorregularse, y por ende, si el contrato va en contraría de algún modo a la buena fe, adolecerá de objeto ilícito (artículo 1461) o causa ilícita (artículo 1467) según el caso, lo que acarreará su nulidad absoluta (artículo 1682).

16. Una tercera función –excepcional y discutible– que la buena fe ejerce en materia contractual consiste en que ella puede modificar el contenido original de la prestación debida, lo cual en caso alguno puede llegar a vulnerar los riesgos asumidos contractualmente por las partes.

17. La buena fe puede además, en casos extremos, llegar a extinguir la obligación, liberando así al deudor, lo cual podrá manifestarse de dos formas: (a) tornando inexigible una determinada prestación, al actuar como patrón de conducta que limita el ejercicio del derecho del acreedor. Sin duda alguna estos casos serán de carácter excepcional, como por ejemplo, cuando la vida del deudor corra un riesgo si debe ejecutar la prestación; y (b) protegiendo al deudor que de buena fe ha cumplido con su obligación, basando su

---

292 Corte Suprema, 1951, *RDJ*, TOMO 48, Nos. 9 y 10, 1951, secc. 3ª, p. 75.

cumplimiento en una apariencia (como por ejemplo sucede en el artículo 1576).

18. La buena fe además, cumple una función interpretativa de los contratos, aun cuando no exista norma expresa al respecto. Interpretar según la buena fe se traducirá en que toda aplicación de una norma contractual que conduzca a un resultado deshonesto debe ser rechazada.

19. El principio general de la buena fe contractual se encuentra presente durante todas las fases y etapas del contrato, imponiendo una conducta leal, recta y honesta durante toda la vida del contrato, comenzando por las negociaciones y tratativas preliminares, pasando por la celebración y ejecución del negocio, y rigiendo aún la conducta de los contratantes una vez terminado el contrato.

20. En las **tratativas preliminares**, si bien todavía no existe una relación contractual, hay un vínculo especial derivado del contacto social entre las dos esferas de intereses, por lo que los negociadores se verán en la obligación de actuar de buena fe, lo que se traducirá en los deberes de lealtad, de veracidad, de información y de confidencialidad. De incumplirse con alguno de estos deberes, surgirá una responsabilidad precontractual que se regirá por las reglas de la responsabilidad extracontractual (en la medida que no exista acuerdo sobre algún punto de las negociaciones, pues en ese caso regirá la responsabilidad contractual), pues aún no existe un vínculo jurídico perfecto.

21. También la buena fe deberá observarse en la etapa de **celebración del contrato**, aun cuando no exista norma expresa al respecto, según lo demostramos por argumentos jurídicos, de lógica y legales. De no cumplirse con esta buena fe, las sanciones pueden ser de distinta índole, como por ejemplo, se dejarán sin efecto ciertas cláusulas, o bien no podrá solicitarse la nulidad del acto, no podrá solicitarse la restitución, puede producir la rescisión de ciertos contratos, etcétera. A su vez, el ordenamiento protege a quien haya actuado de buena fe en la celebración del contrato.

22. En la **etapa de ejecución del contrato**, la buena fe opera como un patrón de conducta exigible tanto al acreedor, al ejercer sus derechos que emanan del crédito, como al deudor, al cumplir la prestación debida. Para ambas

partes del contrato pueden surgir ciertos deberes, que encuentran su fundamento en este principio, y que se traducirán en el imperativo de que cada contratante deberá cooperar para satisfacer a su contraparte.

23. Las **obligaciones y deberes que nacen de la buena fe en la ejecución del contrato** pueden tener un doble carácter: pueden complementar la prestación debida (deberes de prestación), o bien se dirigen a preservar a cada una de las partes del daño que se les pueda derivar del cumplimiento de la obligación (deberes de protección). Ambas clases de deberes son plenamente exigibles, pues nacen de un principio general del Derecho (los cuales tienen fuerza normativa) y porque se encuentra en una norma positiva (el artículo 1546). Si bien en teoría podrían exigirse de manera autónoma, en la práctica van muy unidas a la ejecución de tal prestación, de manera que sería difícil imaginar una acción autónoma para ellas. El incumplimiento de uno de estos deberes acarrea la responsabilidad contractual del infractor.

24. Manifestaciones de la buena fe en la ejecución de los contratos son la **excepción de contrato no cumplido y la condición resolutoria tácita**. Ninguna de estas dos instituciones podrá ser ejercida de manera abusiva, contrariando a la buena fe. Por lo tanto, si ha existido un retraso irrelevante o ha faltado una parte insignificante de la prestación (y por ende ha quedado plenamente satisfecho el interés del acreedor), no podrán emplearse estas figuras. A su vez, ambas instituciones podrán ser empleadas contra quien no ha cumplido de buena fe el contrato.

25. Una vez **terminado el contrato**, ya sea que se haya cumplido o incumplido la prestación, aún pueden subsistir ciertos deberes (postcontractuales) derivados de la buena fe, que generalmente serán de carácter negativo. La infracción de estos deberes acarrea una responsabilidad de carácter contractual, pues se trata de deberes que "subsisten" de la vinculación jurídica anterior.

26. En materia contractual, **la buena fe de las partes se presume** de modo simplemente legal. Llegamos a esta conclusión por dos vías: primero, interpretando a contrario sensu el artículo 1459, que señala que el dolo no se presume; segundo, porque se demostró, a través de argumentos jurídicos, lógicos, legales y de equidad, que el artículo 707, que presume la buena fe en la posesión, tiene alcance general. Como contrapartida, concluimos que el inciso final del artículo 706, que presume de derecho la mala fe de quien

alega un error de derecho, tiene tan sólo alcances para la posesión, y por ende no se aplica al ámbito contractual.

27. La buena fe es un concepto de carácter autónomo, y por lo tanto su antítesis, **la mala fe**, necesariamente también deberá serlo. Es por ello que no es posible asimilar la mala fe al **dolo** directo (artículo 44 inciso final); de hacerlo, la buena fe se traduciría en un mero deber moral carente de significación jurídica. Creemos sin embargo que lo que la doctrina llama "dolo eventual" si es una clase de mala fe. Tampoco es posible realizar una asimilación entre la mala fe y la **culpa**, pues implicaría asimilar a la buena fe con la diligencia, pues ésta última se divide en materia contractual y sus normas son disponibles por las partes, a diferencia de la buena fe, que es un concepto unitario y la norma que l contiene, el artículo 1546, es irrenunciable.

Anexos

ANEXO I

ARTÍCULOS DEL CÓDIGO CIVIL QUE HACEN REFERENCIA A LA BUENA FE

Libro I

1. Art. 94. En la rescisión del decreto de posesión definitiva se observarán las reglas que siguen: [...]
   5ª Para toda restitución serán considerados los demandados como poseedores de buena fe, a menos de prueba contraria.

2. Art. 189. No surtirá efectos el reconocimiento de un hijo que tenga legalmente determinada una filiación distinta, sin perjuicio del derecho a ejercer las acciones a que se refiere el artículo 208.
   El reconocimiento es irrevocable, aunque se contenga en un testamento revocado por otro acto testamentario posterior, y no susceptible de modalidades.
   El reconocimiento no perjudicará los derechos de terceros de buena fe que hayan sido adquiridos con anterioridad a la subinscripción de éste al margen de la inscripción de nacimiento del hijo.

3. Art. 221. La sentencia que dé lugar a la acción de reclamación o de impugnación deberá subinscribirse al margen de la inscripción de nacimiento del hijo, y no perjudicará los derechos de terceros de buena fe que hayan sido adquiridos con anterioridad a la subinscripción.

4. Art. 327. Mientras se ventila la obligación de prestar alimentos, deberá el juez ordenar que se den provisoriamente, con el solo mérito de los documentos y antecedentes presentados; sin perjuicio de la restitución, si la persona a quien se demandan obtiene sentencia absolutoria.
   Cesa este derecho a la restitución, contra el que, de buena fe y con algún fundamento plausible, haya intentado la demanda.

Libro II

5. Art. 646. Los frutos naturales de una cosa pertenecen al dueño de ella; sin perjuicio de los derechos constituidos por las leyes, o por un hecho del hombre, al poseedor de buena fe, al usufructuario, al arrendatario.

6. Art. 669. El dueño del terreno en que otra persona, sin su conocimiento, hubiere edificado, plantado o sembrado, tendrá el derecho de hacer suyo el edificio, plantación o sementera, mediante las indemnizaciones prescritas a favor de los poseedores de buena o mala fe en el título De la reivindicación, o de obligar al que edificó o plantó a pagarle el justo precio del terreno con los intereses legales por todo el tiempo que lo haya tenido en su poder, y al que sembró a pagarle la renta y a indemnizarle los perjuicios.
Si se ha edificado, plantado o sembrado a ciencia y paciencia del dueño del terreno, será éste obligado, para recobrarlo, a pagar el valor del edificio, plantación o sementera.

7. Art. 702. La posesión puede ser regular o irregular.
Se llama posesión regular la que procede de justo título y ha sido adquirida de buena fe; aunque la buena fe no subsista después de adquirida la posesión. Se puede ser por consiguiente poseedor regular y poseedor de mala fe, como viceversa el poseedor de buena fe puede ser poseedor irregular.
Si el título es translaticio de dominio, es también necesaria la tradición.
La posesión de una cosa a ciencia y paciencia del que se obligó a entregarla, hará presumir la tradición; a menos que ésta haya debido efectuarse por la inscripción del título.

8. Art. 706. La buena fe es la conciencia de haberse adquirido el dominio de la cosa por medios legítimos, exentos de fraude y de todo otro vicio.
Así en los títulos translaticios de dominio la buena fe supone la persuasión de haberse recibido la cosa de quien tenía la facultad de enajenarla, y de no haber habido fraude ni otro vicio en el acto o contrato. Un justo error en materia de hecho no se opone a la buena fe.
Pero el error en materia de derecho constituye una presunción de mala fe, que no admite prueba en contrario.

9. Art. 707. La buena fe se presume, excepto en los casos en que la ley establece la presunción contraria.
   En todos los otros la mala fe deberá probarse.

10. Art. 900. Contra el que poseía de mala fe y por hecho o culpa suya ha dejado de poseer, podrá intentarse la acción de dominio, como si actualmente poseyese.
    De cualquier modo que haya dejado de poseer y aunque el reivindicador prefiera dirigirse contra el actual poseedor, respecto del tiempo que ha estado la cosa en su poder tendrá las obligaciones y derechos que según este título corresponden a los poseedores de mala fe en razón de frutos, deterioros y expensas.
    Si paga el valor de la cosa y el reivindicador lo acepta, sucederá en los derechos del reivindicador sobre ella.
    Lo mismo se aplica aun al poseedor de buena fe que durante el juicio se ha puesto en la imposibilidad de restituir la cosa por su culpa.
    El reivindicador en los casos de los dos incisos precedentes no será obligado al saneamiento.

11. Art. 906. El poseedor de mala fe es responsable de los deterioros que por su hecho o culpa ha sufrido la cosa.
    El poseedor de buena fe, mientras permanece en ella, no es responsable de estos deterioros, sino en cuanto se hubiere aprovechado de ellos; por ejemplo, destruyendo un bosque o arbolado, y vendiendo la madera o la leña, o empleándola en beneficio suyo.

12. Art. 907. El poseedor de mala fe es obligado a restituir los frutos naturales y civiles de la cosa, y no solamente los percibidos sino los que el dueño hubiera podido percibir con mediana inteligencia y actividad, teniendo la cosa en su poder.
    Si no existen los frutos, deberá el valor que tenían o hubieran tenido al tiempo de la percepción: se considerarán como no existentes los que se hayan deteriorado en su poder.
    El poseedor de buena fe no es obligado a la restitución de los frutos percibidos antes de la contestación de la demanda: en cuanto a los percibidos después, estará sujeto a las reglas de los dos incisos anteriores.
    En toda restitución de frutos se abonarán al que la hace los gastos ordinarios que ha invertido en producirlos.

13. Art. 909. El poseedor de buena fe, vencido, tiene asimismo derecho a que se le abonen las mejoras útiles, hechas antes de contestarse la demanda.
Sólo se entenderán por mejoras útiles las que hayan aumentado el valor venal de la cosa.
El reivindicador elegirá entre el pago de lo que valgan al tiempo de la restitución las obras en que consisten las mejoras, o el pago de lo que en virtud de dichas mejoras valiere más la cosa en dicho tiempo.
En cuanto a las obras hechas después de contestada la demanda, el poseedor de buena fe tendrá solamente los derechos que por el artículo siguiente se conceden al poseedor de mala fe.

14. Art. 911. En cuanto a las mejoras voluptuarias, el propietario no será obligado a pagarlas al poseedor de mala ni de buena fe, que sólo tendrán con respecto a ellas el derecho que por el artículo precedente se concede al poseedor de mala fe respecto de las mejoras útiles.
Se entienden por mejoras voluptuarias las que sólo consisten en objetos de lujo y recreo, como jardines, miradores, fuentes, cascadas artificiales, y generalmente aquellas que no aumentan el valor venal de la cosa, en el mercado general, o sólo lo aumentan en una proporción insignificante.

15. Art. 913. La buena o mala fe del poseedor se refiere, relativamente a los frutos, al tiempo de la percepción, y relativamente a las expensas y mejoras, al tiempo en que fueron hechas.

Libro III

16. Art. 976. La acción de indignidad no pasa contra terceros de buena fe.

17. Art. 1267. El que de buena fe hubiere ocupado la herencia no será responsable de las enajenaciones o deterioros de las cosas hereditarias, sino en cuanto le hayan hecho más rico; pero habiéndola ocupado de mala fe, lo será de todo el importe de las enajenaciones y deterioros.

18. Art. 1268. El heredero podrá también hacer uso de la acción reivindicatoria sobre cosas hereditarias reivindicables, que hayan pasado a terceros, y no hayan sido prescritas por ellos.

Si prefiere usar de esta acción, conservará, sin embargo, su derecho para que el que ocupó de mala fe la herencia le complete lo que por el recurso contra terceros poseedores no hubiere podido obtener, y le deje enteramente indemne; y tendrá igual derecho contra el que ocupó de buena fe la herencia en cuanto por el artículo precedente se hallare obligado.

19. Art. 1337. El partidor liquidará lo que a cada uno de los coasignatarios se deba, y procederá a la distribución de los efectos hereditarios, teniendo presentes las reglas que siguen: [...]
10ª Con todo, el cónyuge sobreviviente tendrá derecho a que su cuota hereditaria se entere con preferencia mediante la adjudicación en favor suyo de la propiedad del inmueble en que resida y que sea o haya sido la vivienda principal de la familia, así como del mobiliario que lo guarnece, siempre que ellos formen parte del patrimonio del difunto.
Si el valor total de dichos bienes excede la cuota hereditaria del cónyuge, éste podrá pedir que sobre las cosas que no le sean adjudicadas en propiedad, se constituya en su favor derechos de habitación y de uso, según la naturaleza de las cosas, con carácter de gratuitos y vitalicios.
El derecho de habitación no será oponible a terceros de buena fe mientras no se inscriba la resolución que lo constituye en el Registro del Conservador de Bienes Raíces. En todo lo no previsto, el uso y la habitación se regirán por lo dispuesto en el Título X del Libro II.
El derecho a la adjudicación preferente de que habla esta regla no puede transferirse ni transmitirse.

Libro IV

20. Art. 1455. El error acerca de la persona con quien se tiene intención de contratar no vicia el consentimiento, salvo que la consideración de esta persona sea la causa principal del contrato.
Pero en este caso la persona con quien erradamente se ha contratado, tendrá derecho a ser indemnizada de los perjuicios en que de buena fe haya incurrido por la nulidad del contrato.

21. Art. 1490. Si el que debe una cosa mueble a plazo, o bajo condición suspensiva o resolutoria, la enajena, no habrá derecho de reivindicarla contra terceros poseedores de buena fe.

22. Art. 1546. Los contratos deben ejecutarse de buena fe, y por consiguiente obligan no sólo a lo que en ellos se expresa, sino a todas las cosas que emanan precisamente de la naturaleza de la obligación, o que por la ley o la costumbre pertenecen a ella.

23. Art. 1575. El pago en que se debe transferir la propiedad no es válido, sino en cuanto el que paga es dueño de la cosa pagada, o la paga con el consentimiento del dueño.
Tampoco es válido el pago en que se debe transferir la propiedad, sino en cuanto el que paga tiene facultad de enajenar.
Sin embargo, cuando la cosa pagada es fungible y el acreedor la ha consumido de buena fe, se valida el pago, aunque haya sido hecho por el que no era dueño, o no tuvo facultad de enajenar.

24. Art. 1576. Para que el pago sea válido, debe hacerse o al acreedor mismo (bajo cuyo nombre se entienden todos los que le hayan sucedido en el crédito, aun a título singular), o a la persona que la ley o el juez autoricen a recibir por él, o a la persona diputada por el acreedor para el cobro.
El pago hecho de buena fe a la persona que estaba entonces en posesión del crédito, es válido, aunque después aparezca que el crédito no le pertenecía.

25. Art. 1626. El acreedor es obligado a conceder este beneficio [de competencia]: [...]
6.° Al deudor de buena fe que hizo cesión de bienes y es perseguido en los que después ha adquirido para el pago completo de las deudas anteriores a la cesión; pero sólo le deben este beneficio los acreedores a cuyo favor se hizo.

26. Art. 1687. La nulidad pronunciada en sentencia que tiene la fuerza de cosa juzgada, da a las partes derecho para ser restituidas al mismo estado en que se hallarían si no hubiese existido el acto o contrato nulo; sin perjuicio de lo prevenido sobre el objeto o causa ilícita.
En las restituciones mutuas que hayan de hacerse los contratantes en virtud de este pronunciamiento, será cada cual responsable de la pérdida de las especies o de su deterioro, de los intereses y frutos, y del abono de las mejoras necesarias, útiles o voluptuarias, tomándose en consideración los casos fortuitos y la posesión de buena o mala fe de las partes; todo ello según las reglas generales y sin perjuicio de lo dispuesto en el siguiente artículo.

27. **Art. 1739.** Toda cantidad de dinero y de cosas fungibles, todas las especies, créditos, derechos y acciones que existieren en poder de cualquiera de los cónyuges durante la sociedad o al tiempo de su disolución, se presumirán pertenecer a ella, a menos que aparezca o se pruebe lo contrario.
Ni la declaración de uno de los cónyuges que afirme ser suya o debérsele una cosa, ni la confesión del otro, ni ambas juntas, se estimarán suficiente prueba, aunque se hagan bajo juramento.
La confesión, no obstante, se mirará como una donación revocable, que, confirmada por la muerte del donante, se ejecutará en su parte de gananciales o en sus bienes propios, en lo que hubiere lugar.
Tratándose de bienes muebles, los terceros que contraten a título oneroso con cualquiera de los cónyuges quedarán a cubierto de toda reclamación que éstos pudieren intentar fundada en que el bien es social o del otro cónyuge, siempre que el cónyuge contratante haya hecho al tercero de buena fe la entrega o la tradición del bien respectivo.
No se presumirá la buena fe del tercero cuando el bien objeto del contrato figure inscrito a nombre del otro cónyuge en un registro abierto al público, como en el caso de automóviles, acciones de sociedades anónimas, naves, aeronaves, etc.
Se presume que todo bien adquirido a título oneroso por cualquiera de los cónyuges después de disuelta la sociedad conyugal y antes de su liquidación, se ha adquirido con bienes sociales. El cónyuge deberá por consiguiente, recompensa a la sociedad, a menos que pruebe haberlo adquirido con bienes propios o provenientes de su sola actividad personal.

28. **Art. 1814.** La venta de una cosa que al tiempo de perfeccionarse el contrato se supone existente y no existe, no produce efecto alguno.
Si faltaba una parte considerable de ella al tiempo de perfeccionarse el contrato, podrá el comprador a su arbitrio desistir del contrato, o darlo por subsistente, abonando el precio a justa tasación.
El que vendió a sabiendas lo que en el todo o en una parte considerable no existía, resarcirá los perjuicios al comprador de buena fe.

29. **Art. 1853.** En virtud de esta rescisión, el comprador será obligado a restituir al vendedor la parte no evicta, y para esta restitución será considerado como poseedor de buena fe, a menos de prueba contraria; y el vendedor además de restituir el precio, abonará el valor de los frutos que el comprador hubiere sido obligado a restituir con la parte evicta, y todo otro perjuicio que de la evicción resultare al comprador.

30. **Art. 1913.** El deudor no será obligado a pagar al cesionario sino el valor de lo que éste haya dado por el derecho cedido, con los intereses desde la fecha en que se haya notificado la cesión al deudor.
Se exceptúan de la disposición de este artículo las cesiones enteramente gratuitas; las que se hagan por el ministerio de la justicia; y las que van comprendidas en la enajenación de una cosa de que el derecho litigioso forma una parte o accesión.
Exceptúanse asimismo las cesiones hechas: [...]
3.° Al que goza de un inmueble como poseedor de buena fe, usufructuario o arrendatario, cuando el derecho cedido es necesario para el goce tranquilo y seguro del inmueble.

31. **Art. 1916.** Son susceptibles de arrendamiento todas las cosas corporales o incorporales, que pueden usarse sin consumirse; excepto aquellas que la ley prohíbe arrendar, y los derechos estrictamente personales, como los de habitación y uso.
Puede arrendarse aun la cosa ajena, y el arrendatario de buena fe tendrá acción de saneamiento contra el arrendador, en caso de evicción.

32. **Art. 1925.** Si el arrendador por hecho o culpa suya o de sus agentes o dependientes se ha puesto en la imposibilidad de entregar la cosa, el arrendatario tendrá derecho para desistir del contrato, con indemnización de perjuicios.
Habrá lugar a esta indemnización aun cuando el arrendador haya creído erróneamente y de buena fe, que podía arrendar la cosa; salvo que la imposibilidad haya sido conocida del arrendatario, o provenga de fuerza mayor o caso fortuito.

33. **Art. 2058.** La nulidad del contrato de sociedad no perjudica a las acciones que corresponden a terceros de buena fe contra todos y cada uno de los asociados por las operaciones de la sociedad, si existiere de hecho.

34. **Art. 2070.** La distribución de beneficios y pérdidas no se entenderá ni respecto de la gestión de cada socio, ni respecto de cada negocio en particular.
Los negocios en que la sociedad sufre pérdida deberán compensarse con aquellos en que reporta beneficio, y las cuotas estipuladas recaerán sobre el resultado definitivo de las operaciones sociales.

Sin embargo, los socios comanditarios no estarán obligados a colacionar los dividendos que hayan recibido de buena fe y los accionistas de sociedades anónimas en caso alguno estarán obligados a devolver a la caja social las cantidades que hubieren percibido a título de beneficio.

35. Art. 2089. Cada socio tendrá derecho a que la sociedad le reembolse las sumas que él hubiere adelantado con conocimiento de ella, por las obligaciones que para los negocios sociales hubiere contraído legítimamente y de buena fe; y a que le resarza los perjuicios que los peligros inseparables de su gestión le hayan ocasionado.
Cada uno de los socios será obligado a esta indemnización a prorrata de su interés social, y la parte de los insolventes se partirá de la misma manera entre todos.

36. Art. 2122. El mandatario que ejecuta de buena fe un mandato nulo o que por una necesidad imperiosa sale de los límites de su mandato, se convierte en un agente oficioso.

37. Art. 2173. En general, todas las veces que el mandato expira por una causa ignorada del mandatario, lo que éste haya hecho en ejecución del mandato será válido y dará derecho a terceros de buena fe contra el mandante.
Quedará asimismo obligado el mandante, como si subsistiera el mandato, a lo que el mandatario sabedor de la causa que lo haya hecho expirar, hubiere pactado con terceros de buena fe; pero tendrá derecho a que el mandatario le indemnice.
Cuando el hecho que ha dado causa a la expiración del mandato hubiere sido notificado al público por periódicos, y en todos los casos en que no pareciere probable la ignorancia del tercero, podrá el juez en su prudencia absolver al mandante.

38. Art. 2202. Si hubiere prestado el que no tenía derecho de enajenar, se podrán reivindicar las especies, mientras conste su identidad.
Desapareciendo la identidad, el que las recibió de mala fe será obligado al pago inmediato con el máximum de los intereses que la ley permite estipular; pero el mutuario de buena fe sólo será obligado al pago con los intereses estipulados y después del término concedido en el artículo 2200.

39. Art. 2301. El que ha recibido de buena fe no responde de los deterioros o pérdidas de la especie que se le dio en el falso concepto de debérsele, aunque hayan sobrevenido por negligencia suya; salvo en cuanto le hayan hecho más rico.
Pero desde que sabe que la cosa fue pagada indebidamente, contrae todas las obligaciones del poseedor de mala fe.

40. Art. 2302. El que de buena fe ha vendido la especie que se le dio como debida, sin serlo, es sólo obligado a restituir el precio de la venta, y a ceder las acciones que tenga contra el comprador que no le haya pagado íntegramente.
Si estaba de mala fe cuando hizo la venta, es obligado como todo poseedor que dolosamente ha dejado de poseer.

41. Art. 2303. El que pagó lo que no debía, no puede perseguir la especie poseída, por un tercero de buena fe, a título oneroso; pero tendrá derecho para que el tercero que la tiene por cualquier título lucrativo, se la restituya, si la especie es reivindicable y existe en su poder.
Las obligaciones del donatario que restituye son las mismas que las de su autor según el artículo 2301.

42. Art. 2339. Puede afianzarse no sólo una obligación pura y simple, sino condicional y a plazo. Podrá también afianzarse una obligación futura; y en este caso podrá el fiador retractarse mientras la obligación principal no exista; quedando con todo responsable al acreedor y a terceros de buena fe, como el mandante en el caso del artículo 2173.

43. Art. 2406. Se extingue el derecho de prenda por la destrucción completa de la cosa empeñada.
Se extingue asimismo cuando la propiedad de la cosa empeñada pasa al acreedor por cualquier título.
Y cuando en virtud de una condición resolutoria se pierde el dominio que el que dio la cosa en prenda tenía sobre ella; pero el acreedor de buena fe tendrá contra el deudor que no le hizo saber la condición el mismo derecho que en el caso del artículo 2391.

44. Art. 2510. El dominio de cosas comerciales que no ha sido adquirido por la prescripción ordinaria, puede serlo por la extraordinaria, bajo las reglas que van a expresarse:

1.a Para la prescripción extraordinaria no es necesario título alguno.

2.a Se presume en ella de derecho la buena fe, sin embargo de la falta de un título adquisitivo de dominio.

3.a Pero la existencia de un título de mera tenencia hará presumir mala fe, y no dará lugar a la prescripción, a menos de concurrir estas dos circunstancias:

1.a Que el que se pretende dueño no pueda probar que en los últimos diez años se haya reconocido expresa o tácitamente su dominio por el que alega la prescripción;

2.a Que el que alega la prescripción pruebe haber poseído sin violencia, clandestinidad ni interrupción por el mismo espacio de tiempo.

ANEXO II

ARTÍCULOS DEL CÓDIGO CIVIL QUE HACEN REFERENCIA A LA MALA FE

Libro I

1. Art. 94. En la rescisión del decreto de posesión definitiva se observarán las reglas que siguen: [...]
   6ª El haber sabido y ocultado la verdadera muerte del desaparecido, o su existencia, constituye mala fe.

2. Art. 143. El cónyuge no propietario, cuya voluntad no se haya expresado en conformidad con lo previsto en el artículo anterior, podrá pedir la rescisión del acto.
   Los adquirentes de derechos sobre un inmueble que es bien familiar, estarán de mala fe a los efectos de las obligaciones restitutorias que la declaración de nulidad origine.

3. Art. 197. El proceso tendrá carácter de secreto hasta que se dicte sentencia de término, y sólo tendrán acceso a él las partes y sus apoderados judiciales.
   La persona que ejerza una acción de filiación de mala fe o con el propósito de lesionar la honra de la persona demandada es obligada a indemnizar los perjuicios que cause al afectado.

4. Art. 426. El que ejerce el cargo de tutor o curador, no lo siendo verdaderamente, pero creyendo serlo, tiene todas las obligaciones y responsabilidades del tutor o curador verdadero, y sus actos no obligarán al pupilo, sino en cuanto le hubieren reportado positiva ventaja.
   Si se le hubiere discernido la tutela o curaduría, y hubiere administrado rectamente, tendrá derecho a la retribución ordinaria, y podrá conferírsele el cargo, nopresentándose persona de mejor derecho a ejercerlo.

Pero si hubiere procedido de mala fe, fingiéndose tutor o curador, será precisamente removido de la administración, y privado de todos los emolumentos de la tutela o curaduría, sin perjuicio de la pena a que haya lugar por la impostura.

Libro II

5. Art. 658. En los casos de adjunción, no habiendo conocimiento del hecho por una parte, ni mala fe por otra, el dominio de lo accesorio accederá al dominio de lo principal, con el gravamen de pagar al dueño de la parte accesoria su valor.

6. Art. 662. Otra especie de accesión es la especificación, que se verifica cuando de la materia perteneciente a una persona, hace otra persona una obra o artefacto cualquiera, como si de uvas ajenas se hace vino, o de plata ajena una copa, o de madera ajena una nave.
   No habiendo conocimiento del hecho por una parte, ni mala fe por otra, el dueño de la materia tendrá derecho a reclamar la nueva especie, pagando la hechura.
   A menos que en la obra o artefacto el precio de la nueva especie valga mucho más que el de la materia, como cuando se pinta en lienzo ajeno, o de mármol ajeno se hace una estatua; pues en este caso la nueva especie pertenecerá al especificante, y el dueño de la materia tendrá solamente derecho a la indemnización de perjuicios.
   Si la materia del artefacto es, en parte, ajena, y, en parte, propia del que la hizo o mandó hacer, y las dos partes no pueden separarse sin inconveniente, la especie pertenecerá en común a los dos propietarios; al uno a prorrata del valor de su materia, y al otro a prorrata del valor de la suya y de la hechura.

7. Art. 663. Si se forma una cosa por mezcla de materias áridas o líquidas, pertenecientes a diferentes dueños, no habiendo conocimiento del hecho por una parte, ni mala fe por otra, el dominio de la cosa pertenecerá a dichos dueños proindiviso, a prorrata del valor de la materia que a cada uno pertenezca.
   A menos que el valor de la materia perteneciente a uno de ellos fuere considerablemente superior, pues en tal caso el dueño de ella tendrá derecho para reclamar la cosa producida por la mezcla, pagando el precio de la materia restante.

8. Art. 669. El dueño del terreno en que otra persona, sin su conocimiento, hubiere edificado, plantado o sembrado, tendrá el derecho de hacer suyo el edificio, plantación o sementera, mediante las indemnizaciones prescritas a favor de los poseedores de buena o mala fe en el título De la reivindicación, o de obligar al que edificó o plantó a pagarle el justo precio del terreno con los intereses legales por todo el tiempo que lo haya tenido en su poder, y al que sembró a pagarle la renta y a indemnizarle los perjuicios.
   Si se ha edificado, plantado o sembrado a ciencia y paciencia del dueño del terreno, será éste obligado, para recobrarlo, a pagar el valor del edificio, plantación o sementera.

9. Art. 702. La posesión puede ser regular o irregular.
   Se llama posesión regular la que procede de justo título y ha sido adquirida de buena fe; aunque la buena fe no subsista después de adquirida la posesión. Se puede ser por consiguiente poseedor regular y poseedor de mala fe, como viceversa el poseedor de buena fe puede ser poseedor irregular.
   Si el título es translaticio de dominio, es también necesaria la tradición.
   La posesión de una cosa a ciencia y paciencia del que se obligó a entregarla, hará presumir la tradición; a menos que ésta haya debido efectuarse por la inscripción del título.

10. Art. 706. La buena fe es la conciencia de haberse adquirido el dominio de la cosa por medios legítimos, exentos de fraude y de todo otro vicio.
    Así en los títulos translaticios de dominio la buena fe supone la persuasión de haberse recibido la cosa de quien tenía la facultad de enajenarla, y de no haber habido fraude ni otro vicio en el acto o contrato. Un justo error en materia de hecho no se opone a la buena fe.
    Pero el error en materia de derecho constituye una presunción de mala fe, que no admite prueba en contrario.

11. Art. 707. La buena fe se presume, excepto en los casos en que la ley establece la presunción contraria.
    En todos los otros la mala fe deberá probarse.

12. Art. 897. Si alguien, de mala fe, se da por poseedor de la cosa que se reivindica sin serlo, será condenado a la indemnización de todo perjuicio que de este engaño haya resultado al actor.

13. Art. 900. Contra el que poseía de mala fe y por hecho o culpa suya ha dejado de poseer, podrá intentarse la acción de dominio, como si actualmente poseyese.
De cualquier modo que haya dejado de poseer y aunque el reivindicador prefiera dirigirse contra el actual poseedor, respecto del tiempo que ha estado la cosa en su poder tendrá las obligaciones y derechos que según este título corresponden a los poseedores de mala fe en razón de frutos, deterioros y expensas.
Si paga el valor de la cosa y el reivindicador lo acepta, sucederá en los derechos del reivindicador sobre ella.
Lo mismo se aplica aun al poseedor de buena fe que durante el juicio se ha puesto en la imposibilidad de restituir la cosa por su culpa.
El reivindicador en los casos de los dos incisos precedentes no será obligado al saneamiento.

14. Art. 904. Si es vencido el poseedor, restituirá la cosa en el plazo que el juez señalare; y si la cosa fue secuestrada, pagará el actor al secuestre los gastos de custodia y conservación, y tendrá derecho para que el poseedor de mala fe se los reembolse.

15. Art. 906. El poseedor de mala fe es responsable de los deterioros que por su hecho o culpa ha sufrido la cosa.
El poseedor de buena fe, mientras permanece en ella, no es responsable de estos deterioros, sino en cuanto se hubiere aprovechado de ellos; por ejemplo, destruyendo un bosque o arbolado, y vendiendo la madera o la leña, o empleándola en beneficio suyo.

16. Art. 907. El poseedor de mala fe es obligado a restituir los frutos naturales y civiles de la cosa, y no solamente los percibidos sino los que el dueño hubiera podido percibir con mediana inteligencia y actividad, teniendo la cosa en su poder.
Si no existen los frutos, deberá el valor que tenían o hubieran tenido al tiempo de la percepción: se considerarán como no existentes los que se hayan deteriorado en su poder.
El poseedor de buena fe no es obligado a la restitución de los frutos percibidos antes de la contestación de la demanda: en cuanto a los percibidos después, estará sujeto a las reglas de los dos incisos anteriores.
En toda restitución de frutos se abonarán al que la hace los gastos ordinarios que ha invertido en producirlos.

13. Art. 909. El poseedor de buena fe, vencido, tiene asimismo derecho a que se le abonen las mejoras útiles, hechas antes de contestarse la demanda.
Sólo se entenderán por mejoras útiles las que hayan aumentado el valor venal de la cosa.
El reivindicador elegirá entre el pago de lo que valgan al tiempo de la restitución las obras en que consisten las mejoras, o el pago de lo que en virtud de dichas mejoras valiere más la cosa en dicho tiempo.
En cuanto a las obras hechas después de contestada la demanda, el poseedor de buena fe tendrá solamente los derechos que por el artículo siguiente se conceden al poseedor de mala fe.

14. Art. 910. El poseedor de mala fe no tendrá derecho a que se le abonen las mejoras útiles de que habla el artículo precedente.
Pero podrá llevarse los materiales de dichas mejoras, siempre que pueda separarlos sin detrimento de la cosa reivindicada, y que el propietario rehúse pagarle el precio que tendrían dichos materiales después de separados.

15. Art. 911. En cuanto a las mejoras voluptuarias, el propietario no será obligado a pagarlas al poseedor de mala ni de buena fe, que sólo tendrán con respecto a ellas el derecho que por el artículo precedente se concede al poseedor de mala fe respecto de las mejoras útiles.
Se entienden por mejoras voluptuarias las que sólo consisten en objetos de lujo y recreo, como jardines, miradores, fuentes, cascadas artificiales, y generalmente aquellas que no aumentan el valor venal de la cosa, en el mercado general, o sólo lo aumentan en una proporción insignificante.

16. Art. 913. La buena o mala fe del poseedor se refiere, relativamente a los frutos, al tiempo de la percepción, y relativamente a las expensas y mejoras, al tiempo en que fueron hechas.

17. Art. 927. La acción para la restitución puede dirigirse no sólo contra el usurpador, sino contra toda persona, cuya posesión se derive de la del usurpador por cualquier título.
Pero no serán obligados a la indemnización de perjuicios sino el usurpador mismo, o el tercero de mala fe; y habiendo varias personas obligadas, todas lo serán insólidum.

Libro III

18. Art. 1256. El heredero que en la confección del inventario omitiere de mala fe hacer mención de cualquiera parte de los bienes, por pequeña que sea, o supusiere deudas que no existen, no gozará del beneficio de inventario.

19. Art. 1267. El que de buena fe hubiere ocupado la herencia no será responsable de las enajenaciones o deterioros de las cosas hereditarias, sino en cuanto le hayan hecho más rico; pero habiéndola ocupado de mala fe, lo será de todo el importe de las enajenaciones y deterioros.

20. Art. 1268. El heredero podrá también hacer uso de la acción reivindicatoria sobre cosas hereditarias reivindicables, que hayan pasado a terceros, y no hayan sido prescritas por ellos.
    Si prefiere usar de esta acción, conservará, sin embargo, su derecho para que el que ocupó de mala fe la herencia le complete lo que por el recurso contra terceros poseedores no hubiere podido obtener, y le deje enteramente indemne; y tendrá igual derecho contra el que ocupó de buena fe la herencia en cuanto por el artículo precedente se hallare obligado.

21. Art. 1426. Si el donatario estuviere en mora de cumplir lo que en la donación se le ha impuesto, tendrá derecho el donante o para que se obligue al donatario a cumplirlo, o para que se rescinda la donación.
    En este segundo caso será considerado el donatario como poseedor de mala fe, para la restitución de las cosas donadas y los frutos, siempre que sin causa grave hubiere dejado de cumplir la obligación impuesta.
    Se abonará al donatario lo que haya invertido hasta entonces en desempeño de su obligación, y de que se aprovechare el donante.

22. Art. 1429. En la restitución a que fuere obligado el donatario por causa de ingratitud será considerado como poseedor de mala fe desde la perpetración del hecho ofensivo que ha dado lugar a la revocación.

LIBRO IV

23. Art. 1687. La nulidad pronunciada en sentencia que tiene la fuerza de cosa juzgada, da a las partes derecho para ser restituidas al mismo estado en que se hallarían si no hubiese existido el acto o contrato nulo; sin perjuicio de lo prevenido sobre el objeto o causa ilícita.
En las restituciones mutuas que hayan de hacerse los contratantes en virtud de este pronunciamiento, será cada cual responsable de la pérdida de las especies o de su deterioro, de los intereses y frutos, y del abono de las mejoras necesarias, útiles o voluptuarias, tomándose en consideración los casos fortuitos y la posesión de buena o mala fe de las partes; todo ello según las reglas generales y sin perjuicio de lo dispuesto en el siguiente artículo.

24. Art. 1790. Declarada la nulidad del matrimonio, podrán revocarse todas las donaciones que por causa del mismo matrimonio se hayan hecho al que lo contrajo de mala fe, con tal que de la donación y de su causa haya constancia por escritura pública.
La sentencia firme de separación judicial o divorcio autoriza, por su parte, a revocar todas las donaciones que por causa del mismo matrimonio se hayan hecho al cónyuge que dio motivo a la separación judicial o al divorcio por su culpa verificada la condición señalada en el inciso precedente.
En la escritura del esposo donante se presume siempre la causa de matrimonio, aunque no se exprese.
Carecerá de esta acción revocatoria el cónyuge putativo que también contrajo de mala fe.

25. Art. 1842. Es nulo todo pacto en que se exima al vendedor del saneamiento de evicción, siempre que en ese pacto haya habido mala fe de parte suya.

26. Art. 1849. El vendedor será obligado a reembolsar al comprador el aumento de valor, que provenga de las mejoras necesarias o útiles, hechas por el comprador, salvo en cuanto el que obtuvo la evicción haya sido condenado a abonarlas.
El vendedor de mala fe será obligado aun al reembolso de lo que importen las mejoras voluptuarias.

27. Art. 1850. El aumento de valor debido a causas naturales o al tiempo, no se abonará en lo que excediere a la cuarta parte del precio de la venta; a menos de probarse en el vendedor mala fe, en cuyo caso será obligado a pagar todo el aumento de valor, de cualesquiera causas que provenga.

28. Art. 1875. La resolución de la venta por no haberse pagado el precio, dará derecho al vendedor para retener las arras, o exigirlas dobladas, y además para que se le restituyan los frutos, ya en su totalidad si ninguna parte del precio se le hubiere pagado, ya en la proporción que corresponda a la parte del precio que no hubiere sido pagada.
El comprador a su vez tendrá derecho para que se le restituya la parte que hubiere pagado del precio.
Para el abono de las expensas al comprador, y de los deterioros al vendedor, se considerará al primero como poseedor de mala fe, a menos que pruebe haber sufrido en su fortuna, y sin culpa de su parte, menoscabos tan grandes que le hayan hecho imposible cumplir lo pactado.

29. Art. 2111. Renuncia de mala fe el socio que lo hace por apropiarse una ganancia que debía pertenecer a la sociedad; en este caso podrán los socios obligarle a partir con ellos las utilidades del negocio, o a soportar exclusivamente las pérdidas, si el negocio tuviere mal éxito.
Podrán asimismo excluirle de toda participación en los beneficios sociales y obligarle a soportar su cuota en las pérdidas.

30. Art. 2112. Renuncia intempestivamente el socio que lo hace cuando su separación es perjudicial a los intereses sociales. La sociedad continuará entonces hasta la terminación de los negocios pendientes, en que fuere necesaria la cooperación del renunciante.
Aun cuando el socio tenga interés en retirarse, debe aguardar para ello un momento oportuno.
Los efectos de la renuncia de mala fe indicados en el inciso final del artículo precedente, se aplican a la renuncia intempestiva.

31. Art. 2202. Si hubiere prestado el que no tenía derecho de enajenar, se podrán reivindicar las especies, mientras conste su identidad.
Desapareciendo la identidad, el que las recibió de mala fe será obligado al pago inmediato con el máximum de los intereses que la ley permite estipular;

pero el mutuario de buena fe sólo será obligado al pago con los intereses estipulados y después del término concedido en el artículo 2200.

32. Art. 2300. El que ha recibido dinero o cosa fungible que no se le debía, es obligado a la restitución de otro tanto del mismo género y calidad.
    Si ha recibido de mala fe, debe también los intereses corrientes.

33. Art. 2301. El que ha recibido de buena fe no responde de los deterioros o pérdidas de la especie que se le dio en el falso concepto de debérsele, aunque hayan sobrevenido por negligencia suya; salvo en cuanto le hayan hecho más rico.
    Pero desde que sabe que la cosa fue pagada indebidamente, contrae todas las obligaciones del poseedor de mala fe.

34. Art. 2302. El que de buena fe ha vendido la especie que se le dio como debida, sin serlo, es sólo obligado a restituir el precio de la venta, y a ceder las acciones que tenga contra el comprador que no le haya pagado íntegramente.
    Si estaba de mala fe cuando hizo la venta, es obligado como todo poseedor que dolosamente ha dejado de poseer.

35. Art. 2468. En cuanto a los actos ejecutados antes de la cesión de bienes o la apertura del concurso, se observarán las disposiciones siguientes:
    1.a Los acreedores tendrán derecho para que se rescindan los contratos onerosos, y las hipotecas, prendas y anticresis que el deudor haya otorgado en perjuicio de ellos, estando de mala fe el otorgante y el adquirente, esto es, conociendo ambos el mal estado de los negocios del primero.
    2.a Los actos y contratos no comprendidos bajo el número precedente, inclusos las remisiones y pactos de liberación a título gratuito, serán rescindibles, probándose la mala fe del deudor y el perjuicio de los acreedores.
    3.a Las acciones concedidas en este artículo a los acreedores expiran en un año contado desde la fecha del acto o contrato.

36. Art. 2510. El dominio de cosas comerciales que no ha sido adquirido por la prescripción ordinaria, puede serlo por la extraordinaria, bajo las reglas que van a expresarse:

1.a Para la prescripción extraordinaria no es necesario título alguno.

2.a Se presume en ella de derecho la buena fe, sin embargo de la falta de un título adquisitivo de dominio.

3.a Pero la existencia de un título de mera tenencia hará presumir mala fe, y no dará lugar a la prescripción, a menos de concurrir estas dos circunstancias:

 1.a Que el que se pretende dueño no pueda probar que en los últimos diez años se haya reconocido expresa o tácitamente su dominio por el que alega la prescripción;

 2.a Que el que alega la prescripción pruebe haber poseído sin violencia, clandestinidad ni interrupción por el mismo espacio de tiempo.

BIBLIOGRAFÍA

1. Abeliuk Manasevich, René, *Las Obligaciones*, Editorial Jurídica de Chile, Santiago, 1993.
2. Alcalde Rodríguez, Enrique, *Los Principios Generales del Derecho, Ediciones Universidad Católica de Chile*, Primera Edición, Santiago, 2003.
3. Alessandri Rodríguez, Arturo, *Teoría de las Obligaciones*, Editorial Ediar-Conosur, Santiago, 1988.
4. Alessandri Rodríguez, Arturo, *De la responsabilidad extracontractual en el Derecho Civil Chileno*, Editorial Jurídica de Chile, Santiago, 2005.
5. Alessandri, Arturo, Somarriva, Manuel y Vodanovic, Antonio, *Tratado de Derecho Civil. Partes Preliminar y Genera*", Tomo I, Editorial Jurídica de Chile, Santiago, 1998.
6. Alessandri Rodríguez, Arturo; Somarriva U., Manuel y Vodanovic H., Antonio, *Tratado de los Derechos Reales*, Tomo I, Editorial Jurídica de Chile, Sexta Edición, 2001.
7. Alferillo, Pascual Eduardo, *Reflexiones sobre la vinculación de la 'mala fe' con los factores de atribución subjetivos*, en Tratado de la Buena Fe en el Derecho, Tomo II, Director Marcos M. Córdoba, Editorial La Ley, 2004, pp. 221-254.
8. Arce y Flores-Valdés, Joaquín, *Los principios generales del derecho y su formulación constitucional*, 1990.
9. Barrientos Zamorano, Marcelo, *Daños y deberes en las tratativas preliminares de un contrato*, LegalPublishing, 2010.
10. Barros Bourie, Enrique, *Límites a los derechos subjetivos privados. Introducción a la doctrina del Abuso del Derecho*, Revista Derecho y Humanidades N° 7, Santiago, 1999.
11. Barros Bourie, Enrique, *Tratado de Responsabilidad Extracontractual*, Reimpresión de Primera Edición, Editorial Jurídica de Chile, Santiago, 2008.
12. Beladiez Rojo, Margarita, *Los principios jurídicos*, Editorial Tecnos, Madrid, 1994.
13. Betti, Emilio, *Teoría general de las obligaciones*, Tomo I, Editorial Revista de Derecho Privado, Madrid, 1969.
14. Boetitiger Philipps, Camila, *El principio de la buena fe en la jurisprudencia de la Contraloría General de la República en materia urbanística*, en Revista Actualidad Jurídica N° 19, Tomo I, Ediciones Universidad del Desarrollo, 2009.
15. Borda, Alejandro, *La teoría de los actos propios*, Editorial Abeledo-Perrot, Buenos Aires, 2000.

16. Campbell Black, Henry, *Black's Law Dictionary*, Seventh Edition, West Group, Minnesota, 1999.
17. Castresana, Amelia, *Fides, bona fides: un concepto para la creación del Derecho*, Editorial Tecnos, Madrid, 1991.
18. Celis Rodriguez, Rubén, *El abuso del derecho*, en Curso de Actualización Jurídica "Nuevas Tendencias en el Derecho Civil", Ediciones Universidad del Desarrollo, Santiago, 2004.
19. Claro Solar, Luis, *Explicaciones de Derecho Civil Chileno y Comparado*, Tomo VII, Imprenta Cervantes, 1932.
20. Corral Talciani, Hernán, *La aplicación jurisprudencial de la buena fe objetiva en el ordenamiento civil chileno*, en Tratado de la Buena Fe en el Derecho, Tomo II, Director Marcos M. Córdoba, Primera Edición, Editorial La Ley, Buenos Aires, 2004, pp. 207-224.
21. Costabál Guzmán, Julio, *La buena fe y el deber de declaración del riesgo en el Contrato de Seguros*, publicado en Anuario de Tesinas Jurídicas, Facultad de Derecho Universidad de los Andes, 2005.
22. Cruz Ponce, Lisandro, *La Apariencia y el Derecho*, Memoria de prueba para optar al grado de Licenciado en la Facultad de Ciencias Jurídicas y Sociales de la Universidad de Chile, Santiago, 1936.
23. De Almeida Villaça Azevedo, Marcos, *Buena fe objetiva y los deberes de ella derivados*, en Tratado de la Buena Fe en el Derecho, Tomo II, Director Marcos M. Córdoba, Primera Edición, Editorial La Ley, Buenos Aires, 2004, pp. 131-154.
24. De Castro y Bravo, Federico, *Derecho Civil de España, Parte General*, Tomo I, Libro Preliminar, Introducción al Derecho Civil, Instituto de Estudios Políticos, Madrid, 1949.
25. De La Maza, Lorenzo, *La Teoría de la Imprevisión*, en Revista de Derecho y Jurisprudencia, Tomo 30, Primera Parte, Santiago, 1933.
26. De los Mozos, José Luis, *El principio de la buena fe. Sus aplicaciones prácticas en el Derecho Civil Español*, Editorial Bosch, Barcelona, 1965.
27. De Trazegnies Granada, Fernando, *Desacralizando la Buena Fe en el Derecho*, en Tratado de la Buena Fe en el Derecho, Tomo II, Director Marcos M. Córdoba, Primera Edición, Editorial La Ley, Buenos Aires, 2004, pp. 21-46.
28. Del Vechhio, Giorgio, *Los Principios Generales del Derecho*, Editorial Bosch, Barcelona, año 1948.
29. Diez-Picazo, Luis, *Experiencia jurídicas y Teoría del Derecho*, Editorial Tecnos, Madrid, 1973.
30. Diez-Picazo, Luis, *Fundamentos del Derecho Civil Patrimonial*, Tomos I y II, Editorial Civitas, Madrid, 1999.

31. Diez-Picazo, Luis y Gullón, Antonio, *Sistema de Derecho Civil*, Volumen I, Editorial Tecnos, Madrid, 1981.
32. Diez-Picazo, Luis, *La doctrina de los actos propios. Estudio crítico sobre la jurisprudencia del Tribunal Supremo*, Editorial Bosch, Barcelona, 1963.
33. Dörr Zegers, Juan Carlos, *Notas acerca de la Teoría de la Imprevisión*, Revista Chilena de Derecho, Vol. 12 N° 2, 1985.
34. Ducci Claro, Carlos, *Interpretación Jurídica*, Segunda Edición, Editorial Jurídica de Chile, Santiago, 1977.
35. Enneccerus, Ludwing, *Derecho de Obligaciones*, Tomo II, Volumen I, Editorial Bosch, Barcelona, 1933.
36. Enneccerus, Ludwig, *Tratado de Derecho Civil*, Editorial Bosh, Barcelona, 1994.
37. Enneccerus, Ludwig y Nipperdey, Hans Carl, *Derecho Civil. Parte General*, Tomo I, Vol. II.
38. Ekdahl Escobar, María Fernanda, *La doctrina de los actos propios*, Editorial Jurídica de Chile, Santiago, 1989.
39. Eyzaguirre Baeza, Cristóbal & Rodríguez Diez, Javier, *Expansión y límites de la buena fe objetiva - A propósito del "Proyecto de Principios Latinoamericanos de Derecho de los contratos"*, en Revista de Derecho Privado, N° 21, pp. 137-216, julio de 2013.
40. Ferreira Rubio, Delia Matilde, *La Buena fe. El principio general en el Derecho Civil*, Editorial Montecorvo, 1984.
41. Fried, Charles, *La obligación contractual. El contrato como promesa*, Editorial Jurídica de Chile, Santiago, 1996.
42. Fueyo Laneri, Fernando, *Instituciones de Derecho Civil Moderno*, Editorial Jurídica de Chile, Santiago, 1990.
43. Fueyo Laneri, Fernando, *Interpretación y Juez*, Universidad de Chile y Centro de Estudios Ratio Iuris, Santiago, 1976
44. Fueyo Laneri, Fernando, *Repertorio del Código Civil*, Tomo I, Ediciones Conosur Ltda., Santiago, 1986.
45. Fueyo Laneri, Fernando, *Cumplimiento e incumplimiento de las obligaciones*, Editorial Jurídica de Chile, Santiago, 1990.
46. García de Enterría, Eduardo, *Reflexiones sobre la Ley y los principios generales del Derecho*, Editorial Civitas, Madrid, 1984.
47. García de Enterría, Eduardo, *Justicia y seguridad jurídica en un mundo de leyes desbocadas*, Editorial Civitas, Madrid, 2000.
48. Gordillo Cañas, Antonio, *Ley, Principios Generales y Constitución: apuntes para una relectura de la Constitución, de la teoría de las fuentes del Derecho*, Editorial Centro de Estudios Ramón Areces, 1990.

49. GUZMÁN BRITO, Alejandro, *El significado histórico de las expresiones Equidad Natural y Principios de Equidad en el Derecho Civil Chileno*, Revista de Ciencias Sociales, Universidad de Valparaíso, N°s 18-19, Valparaíso, 1981.
50. GUZMÁN BRITO, Alejandro, *La buena fe en el Código Civil de Chile*, Revista Chilena de Derecho, Vol. 29 N° 1, 2002.
51. GUZMÁN BRITO, Alejandro, *La buena fe en el Código Civil de Chile*, en Tratado de la Buena Fe en el Derecho, Tomo II, Director Marcos M. Córdoba, Primera Edición, Editorial La Ley, Buenos Aires, 2004, pp. 77-94.
52. HART, Herbert, *El Concepto del Derecho*, Abeledo Perrot, Buenos Aires, 1977.
53. HERNÁNDEZ GIL, Antonio, *Conceptos Jurídicos Fundamentales*, en Obras Completas, Tomo I, Editorial Espasa Calpe, 1987.
54. JORDANO FRAGA, Francisco, *La Responsabilidad Contractual*, Editorial Civitas, Madrid, 1987.
55. KELSEN, Hans, *Teoría Pura del Derecho*, Eudeba, Buenos Aires, 1973.
56. KLUGER, Viviana, *Una mirada hacia atrás: desde Roma a la Codificación. El recorrido histórico de la buena fe*, en Tratado de la Buena Fe en el Derecho, Tomo I, Director Marcos M. Córdoba, Primera Edición, Editorial La Ley, Buenos Aires, 2004, pp. 89-104.
57. LARENZ, Karl, *Derecho de Obligaciones*, Editorial Revista de Derecho Privado, Madrid, 1958.
58. LARENZ, Karl, *Base del Negocio Jurídico y cumplimiento de los Contratos*, Editorial Revista de Derecho Privado, Madrid, 1956.
59. LASARTE, Carlos, *Sobre la integración del contrato. La buena fe en la contratación (en torno a la sentencia del J.S. de 27 de enero de 1977)*, Revista de Derecho Privado, 1980.
60. LECAROS ZEGERS, Raúl, *El acto jurídico en el Código Civil Chileno*, Facultad de Derecho, Ediciones Universidad Católica de Chile, Santiago, 1997.
61. LÓPEZ SANTA MARÍA, Jorge, *Los Contratos. Parte General*, Tomo II, Segunda Edición, Editorial Jurídica de Chile, Santiago, 1998.
62. LÓPEZ SANTA MARÍA, Jorge, *Problemas actuales en el Derecho de los Contratos, en Estudios de Derecho Civil en Memoria del Profesor Vitorio Pescio*, Editorial Edeval, Valparaíso, 1976.
63. LÓPEZ MESA, Marcelo J., *La doctrina de los actos propios en la jurisprudencia*, Ediciones Desalma, Buenos Aires, 1997.
64. LOUSSOUARN, Ivón, *La Buena Fe, en Tratado de la Buena Fe en el Derecho*, Tomo II, Director Marcos M. Córdoba, Primera Edición, Editorial La Ley, Buenos Aires, 2004, pp. 5-17.
65. LOUZÁN DE SOLIMANO, Nelly Dora, *La buena fe en el Derecho Romano*, en Tratado de la Buena Fe en el Derecho, Tomo I, Director Marcos M. Córdoba, Primera Edición, Editorial La Ley, Buenos Aires, 2004, pp. 81-85.

66. Lyon Puelma, Alberto, *Personas Jurídicas*, Ediciones Universidad Católica de Chile, Santiago, 2003.

67. Mairal, Héctor A., *La doctrina de los actos propios y la Administración Pública*, Ediciones Desalma, Buenos Aires, 1994.

68. Medina Pérez, José, *La buena fe en la doctrina, la legislación y la jurisprudencia*, Memoria de prueba para optar al grado de licenciado en la facultad de Ciencias Jurídicas y Sociales de la Universidad de Chile, 1950.

69. Mélich-Orsini, José, *La resolución del contrato por incumplimiento*, Editorial Témis, Caracas, 1982.

70. Meza Barros, Ramón, *Manual de Derecho Civil. De las Obligaciones*, Editorial Jurídica de Chile, Novena Edición, Santiago, 1997.

71. Molleda, José Antonio, *La presunción de buena fe*, Revista de Derecho Privado, Madrid.

72. Mosset Iturraspe, Jorge, *El ámbito de la responsabilidad contractual: lo extra, lo pre y lo post-contractual*, en Revista Actualidad Jurídica N° 6, Universidad del Desarrollo, Santiago, 2002.

73. Peñailillo Arévalo, Daniel, *Las Obligaciones*, Reimpresión de Primera Edición, Editorial Jurídica de Chile, Santiago, 2006.

74. Peñailillo Arévalo, Daniel, *Los Bienes*, Editorial Jurídica de Chile, Primera Edición, 2007.

75. Planiol, Marcel y Ripert, Georges, *Tratado Práctico de Derecho Civil Francés*, Volúmenes IV, VI y VII, Buenos Aires, 1945.

76. Ortuzar Santa María, Álvaro, *El abuso del Derecho ante la Constitución*, en Estudios sobre reformas al Código Civil y Código de Comercio. Tercera Parte. Fundación Fernando Fueyo Laneri, Editorial Jurídica de Chile, Primera Edición, 2003.

77. Prado López, Pamela, *La colaboración del acreedor en los contratos civiles*, Thomson Reuters, 2015.

78. Puig Peña, Federico, *Los Principios Generales del derecho como fuente formativa de la decisión judicial*, Revista de Derecho Privado, Madrid, 1956.

79. Quintana Bravo, Fernando, *Prudencia y Justicia en la aplicación del Derecho*, Editorial Jurídica de Chile, Santiago, 2001.

80. Rezzónico, Juan Carlos, *Efecto expansivo de la buena fe*, en La Ley 1991-C.

81. Rivero, Jean, *Los principios generales del Derecho en el Derecho Administrativo francés contemporáneo*, RAP, N° 6.

82. Rodríguez Grez, Pablo, *La obligación como deber de conducta típica. La teoría de la Imprevisión en Chile*, Facultad de Derecho Universidad de Chile, Santiago, 1992.

83. Rodríguez Grez, Pablo, *El Abuso del Derecho y el Abuso Circunstancial*, Editorial Jurídica de Chile, Santiago, 1998.

84. Rodríguez Grez, Pablo, *Teoría de la Interpretación Jurídica*, Primera Edición, Editorial Jurídica de Chile, Santiago, 1990.
85. Romero Seguel, Alejandro, *El recurso de casación en el fondo civil*, Editorial LegalPublishing, 1ª edición, 2013.
86. Rosende Alvarez, Hugo, *Responsabilidad Precontractual*, Ediciones Universitarias de Valparaíso, Valparaíso, 1979.
87. Rozas Vial, Fernando, *La buena fe en el Código Civil*, Informe final de proyecto de investigación de la Facultad de Derecho de la Pontificia Universidad Católica de Chile, Santiago, 1985.
88. Rozas Vial, Fernando, *Los Bienes*, Editorial Jurídica ConoSur, 1998.
89. Ruiz-Tagle Vial, Carlos, *La buena fe en el contrato de seguro de vida*, Editorial Jurídica de Chile, 2011.
90. Saavedra, Francisco Javier, *El principio general de la buena fe*, en Instituciones modernas de Derecho Civil. Homenaje a profesor Fernando Fueyo Laneri, Editorial Jurídica Cono Sur, Santiago de Chile, 1996.
91. Squella Narduci, Agustín, *Introducción al Derecho*, Editorial Jurídica de Chile, Reimpresión de Primera Edición, Santiago, 2008.
92. Verdross, Alfred, *La Filosofía del Derecho en el Mundo Occidental*, UNAM, Méjico, 1962.
93. Verengo, Roberto, *Los principios de la buena fe*, en Tratado de la Buena Fe en el Derecho, Tomo I, Director Marcos M. Córdoba, Primera Edición, Editorial La Ley, Buenos Aires, 2004, pp. 27-32.
94. Vial Del Río, Víctor, *Teoría General del Acto Jurídico*, Ediciones Universidad Católica de Chile, Cuarta Edición, Santiago, 2000.
95. Vial Del Río, Víctor, La Tradición y la Prescripción Adquisitiva como Modo de Adquirir el Dominio, Segunda Edición, Ediciones Universidad Católica de Chile, 2003.
96. Viguri Perea, Agustín, *Los tratos preliminares: las cartas de intenciones y otros documentos legales pre-contractuales (análisis del derecho norteamericano y británico. Impacto en otros ordenamientos jurídicos. Método del caso")*, Editorial PPU, Barcelona, 1994.
97. Villarroel Barrientos, Carlos y Villarroel Barrientos, Gabriel, *Curso de Derecho Internacional privado. Parte General*, Editorial Jurídica de Chile, 2004.
98. Von Tuhr, Andreas, *Derecho Civil*, Volumen II, Ediciones De Palma, Buenos Aires, 1947.
99. Wieacker, Franz, *El principio general de la buena fe*, Editorial Civitas, Madrid, 1977.
100. Williams Benavente, Jaime, *Lecciones de Introducción al Derecho*, Tomo I, Fundación de Ciencias Humanas, Santiago de Chile, 1994, p. 239.

www.ingramcontent.com/pod-product-compliance
Lightning Source LLC
LaVergne TN
LVHW082238051026
849532LV00012B/4025
* 9 7 8 9 5 6 1 4 1 7 2 6 7 *